文以载道
行以致远

上海市民终身学习
人文行走五年路

本书编写组　编

上海人民出版社

编 委 会

习近平总书记在党的二十大报告中提出：

推进教育数字化，
建设全民终身学习的学习型社会、学习型大国。

　　党的十八大以来，我国学习型社会建设进入快车道，并取得显著成效，不仅使人们的精神面貌产生极大变化，更为提升国家竞争力、推进社会主义现代化建设提供了有力支撑。2019年，中共中央、国务院印发《中国教育现代化2035》，"推动我国成为学习大国"被写入文件。"十四五"规划也再次明确提出"建设学习型社会"。

　　随着经济社会的发展，"学习"不再局限于掌握具体的知识，而是日益成为一种生活方式。学习型社会建设进一步强调："人人是学习之人，时时是学习之时，处处是学习之所，事事是学习之机。"建设全民学习、终身学习的学习型社会，也是现代人类社会发展的必然趋势。数字化浪潮下，新技术应用、新学习方式探索，进一步打破了学习的时空限制，让人人可学、随时可学、随处可学成为现实。

序　言

　　教育是城市的灵魂，是推动城市可持续发展的重要支撑。而学习，更是人类持续进步和发展的动力源泉。"申城行走　人文修身——上海市民终身学习人文行走"项目，作为上海市终身教育系统的重要品牌项目，在推动市民终身学习、促进城市文化传承、提升城市软实力等方面发挥了重要作用。

　　过去五年，上海市民终身学习人文行走工作在各部门协作，各区教育局、文明办的共同努力下，以及各专家导师、社区学院、社区学校、学习点和导学员的积极参与和全力配合下，从三区试点到全市覆盖，从传统课堂学习方式到"行思融合"的创新学习方式，从线下点线圈行走路线设计到数字化沉浸式学习崛起，不断丰富完善保障机制和服务支持系统的立体架构，"人文行走"成为上海学习型城市和市民修身活动的重要抓手，成为上海终身教育的一张名片。

　　本书回顾了五年来人文行走工作的开展情况，总结了经验做法。首先，介绍了人文行走项目的基本情况，包括定义、目标、涵盖范围、特色等内容。其次，介绍了人文行走项目的发展历程，涵盖起源、发展和演变，探究人文行走项目从无到有、由简入丰，逐步走向成熟的发展历程，并凝练了人文行走项目在实施过程中所积累的成功经验，包括项目组织管理、线路设计、活动策划、数字化建设等方面。最后，介绍了人文行走项目在未来的发展计划和总体规划，包括加强合作交流、完善数字建设、深化教育内涵等方面。

本书不仅是对人文行走项目的全面介绍和回顾，更是一本指导市民学习的实用手册，旨在引领市民在行走中感受城市文化、体验人文底蕴、探究历史变迁，同时，也是一本推广"上海经验"、推进终身教育和学习的有益图书。

我们希望通过推出本书，进一步推动人文行走项目的发展和普及，为市民提供更加优质的学习体验，为城市可持续发展提供更加丰富的人文内涵，为建设文明城市贡献一份力量。同时，我们也希望通过本书的传播，更多的人可以了解和认识到人文行走项目的重要性，激发大家对城市文化的热爱和探究欲望，为我们的城市文化保护和传承作出贡献。

让我们一起携手走进"人文行走"的精彩世界，把每一次行走都当作一次终身学习的历程。尊重历史、承载文化，让"人文行走"在未来取得更加辉煌的成就，为长三角地区乃至全国在终身学习、文化传承、城市建设、社区发展等方面提供更全面、更实用、更富有创新性的服务，增强市民终身学习的主动性和自觉性，为城市的发展和进步贡献更多力量。

目　　录

绪论

INTRODUCTION

人文行走：上海市民终身学习的一个品牌

- 人文修身——"人文行走"的品牌理念
- 泛在可选——"人文行走"的品牌意义

人文行走

中城行走 人文修身
ZHONGCHENGXINGZOU RENWENXIUSHEN

2022年"人文行走"摄影作品征集活动优秀作品

襟江带海，长风万里；百舸争流，奋楫者先。

在东海之滨、长江入口，改革开放的前哨阵地——上海，处处体现着先行者的志气、排头兵的勇气、创业者的朝气、改革者的大气。高楼林立、流光溢彩的城市商圈，是从一片片百年"老破旧"屋拆建而来；白鸥翱翔、处处绿色的生态滨江，是利用"锈迹斑斑"老工业区遗迹兴建而成……

新时代的上海，肩负着中央托付的全面建设"五个中心"、全力打响"四大品牌"的历史重任。而如何与之相对应，进一步推进全市学习型社会建设，丰富终身教育资源，不断提高城市文明程度和市民人文素质，便成为上海城市文化建设的一项重要课题。

"五个中心"

国际经济中心
金融中心
贸易中心
航运中心
全球科创中心

"四大品牌"

上海服务
上海制造
上海购物
上海文化

一、人文修身——"人文行走"的品牌理念

1."人文行走"的品牌内涵

2017年10月，中国共产党第十九次全国代表大会在北京召开。十九大报告提出了"文化自信"的理念，并从提升社会文明和国民素质的高度作出了重要指示："强化教育引导、实践养成、制度保障，发挥社会主义核心价值观对国民教育、精神文明创建、精神文化产品创作生产传播的引领作用，把社会主义核心价值观融入社会发展各方面，转化为人们的情感认同和行为习惯。""要提高人民思想觉悟、道德水准、文明素养，提高全社会文明程度。"要"深化群众性精神文明创建活动"，"加快建设学习型社会，大力提高国民素质"。

与此相应，稍后发布的《上海市城市总体规划（2017—2035年）》也指出，上海要建设成为卓越的全球城市，令人向往的创新之城、人文之城、生态之城，具有世界影响力的社会主义现代化国际大都市。用好用活上海的红色文化、海派文化、江南文化资源，让人们享受更为充实的精神文化生活，是提升广大市民幸福感、共建美好城区、共创幸福生活的有

人民城市人民建　人民城市为人民

效载体，也是落实"人民城市人民建，人民城市为人民"重要理念的有效抓手。

在这样的时代背景下，为了深入贯彻落实党的十九大精神，"以培养担当民族复兴大任的时代新人、弘扬共筑美好生活梦想的时代新风为根本任务，以培育和践行社会主义核心价值观为主线"，结合上海城市发展总体规划的要求，进一步探索创新全市学习型社会建设和终身教育发展中"市民修身行动"的新形式、新举措，上海市教育委员会和上海市精神文明建设委员会办公室于 2017 年共同开展了"申城行走　人文修身——上海市民终身学习人文行走"（以下简称"人文行走"）项目的研究与试点工作。

2018 年，上海两部门联合发布《关于开展"申城行走　人文修身——上海市民终身学习人文行走"工作的通知》（以下简称《通知》）。由此，这项工作开始在全市全面推行。

培养担当民族复兴大任的时代新人

弘扬共筑美好生活梦想的时代新风

培育和践行社会主义核心价值观

"人文行走"专属标识

所谓"人文行走"，就是通过整合资源、有效组织，充分挖掘城市人文学习资源的文化内涵和教育价值，为全市众多人文地标和城市记忆，如历史建筑、场馆景点、工业遗存等，赋予学习元素，形成一条涵盖"学习点—线路—区域—主题活动—系列活动—云线路"的全通道、多元化学习途径，引导市民触摸城市文化脉搏，在寻找、发现、体验、分享中，"感受""感知""感想""感悟"。

根据"以培育和践行社会主义核心价值观为主线，推进社会主义核心价值观日常化、具体化、形象化、生活化"的宣教目的，"终身教育泛在可选"的核心要求及"让每一位学习者都能得到全面而有个性的发展"的目标主旨，"人文行走"活动提出了"看申城、读人文、品历史、振精神，感受人文积淀，触摸城市温度，激发终身学习的创新活力，提升城市发展的软实力"的指导思想。其目的是营造"在行中学，在学中行"的终身学习氛围，并带动不同年龄段的市民——通过行走，观城市建筑；通过阅读，品城市文化；通过学习，润人文情怀；通过修身，立正己之德。

"人文行走"，作为创新型的终身教育学习方式，打破了学科、空间、身份、年龄的限

通过行走，观城市建筑

通过阅读，品城市文化

通过学习，润人文情怀

通过修身，立正己之德

2018年徐汇区"人文行走"活动

制，扩大了上海社会性教育资源的供给，丰富了市民参与终身学习的途径，促进了"人人要学、时时可学、处处能学"生动局面的形成。

自2018年至2022年的整整五年间，"人文行走"工作按照"先行先试，逐步推进"的思路开展工作，共推出73条不同主题的人文学习线路、确定近500个学习点，让市民"人人皆学，处处可学"；不断升级学习点，布局行走路线，构建学习圈和主题链，并将上海城市文化的三大主题——"红色文化""海派文化""江南文化"融入市民日常行走学习场景；全力推动"人文行走"进社区、进学校、进企业、进网络，扩展"人文行走"的覆盖面和影响力；使之成为市民终身学习的新途径和新方式。

"人文行走"，以其学习资源的增"点"扩"线"、主题活动的丰富多样、服务体系的推陈出新等创新特点，进一步提升了市民在行走中接受人文修身的获得感和体验度，增强了社会知晓度和影响力，得到了广大市民、社会组织的普遍欢迎和高度评价。五年间，参与学习项目及系列活动者突破千万人次。

2019年静安区"人文行走"活动　　2022年杨浦区"人文行走"活动

"人文行走"工作的品牌定位、思路、方法令人耳目一新，且组织有效、成果显著，于2018年全面推广后，当年就一炮打响，获得"上海市2018年终身学习品牌项目"的荣誉称号，并在同年的全民终身学习活动周全国总开幕式上，荣获"2018年全国终身学习品牌项目"称号。

"人文行走"荣获2018年"全国终身学习品牌项目"称号

如今，"人文行走"已成为上海终身教育领域中市民学习的一个品牌。修身律己、学以致用、知行合一，传承历史文脉，留住城市记忆的人文学习，在申城蔚然成风，深受社会各方关注。《解放日报》《文汇报》《新民晚报》《上海教育》和上海电视台、东广早新闻等媒体或栏目连续多年作出大量报道，"学习强国"、央广网、中国教育新闻网、上观新闻、澎湃新闻、界面新闻、"上海发布"、上海教育新闻网、"上海教育"等新媒体亦多次转载。

2. "人文行走"的品牌特征

持续性——提倡"时时可学习"，学习是终身的，人们从幼年到老年，都需要不断学习，接受新知识，不断提升自我修养和文化知识储备。每个年龄段的学习者，都能够在"人文行走"工作搭建的平台上找到自己感兴趣的学习内容。通过手机新媒体完成学习、接收即时资讯，利用碎片化时间（候车时、工作闲暇之余、节假日）获得知识，抽出少量时间参与"人文行走"线下活动，人文学习项目形成了更适合碎片化信息时代的学习方式。

多维性——强调"处处皆教育"，学校、街区和社会公共空间、文博场馆、历史建筑等不同场所的教育价值，在"人文行走"工作中被挖掘。"人文行走"充分利用各个场所、各种形式开展学习活动。此外，"人文行走"的线上平台（微信、小程序、直播等）呈现出的知识库、系列课程、主题文章、音视频等学习内容，形成了内容丰富多彩的线上学习空间。

人文性——促进"美美分享"，学习点文化传播、上海人文故事分享、文化景观打卡、建筑场景互动，让人文情怀和文化魅力在"人文行走"学习过程中得以彰显，也让"人文行走"学习过程本身成为可即时分享的"美事""美图"和美好学习记忆。充分挖掘学习点的人文故事、文化元素，让许多想要深入了解上海城市文化魅力的人在行走中融入这座城市，形成认同感和归属感。

参与性——主张"人人可参与"，"人文行走"的参与者以上海的广大市民为主，不受性别、职业、国籍、地域等限制。受众参与性强，是"人文行走"工作的特色。在线下活动中，充分调动受众的积极性，在互动环节和学习、体验过程中，让受众充分感受到学习的乐趣和学习的价值；在线上学习中，通过丰富的知识点和学习资源，让受众拥有更多元的选择空间，以直播、音视频、在线答题、打卡积分等新媒体形式，让学习者轻松参与、主动学习。

多样性——力争"场场有新意"，摒弃单调的学习模式，采用灵活多样的学习内容和创新形式，设置更有新意的学习环节，更加注重学习过程的体验感和获得感，同时，针对不同主题线路、不同群体，制定个性化选择路线和实施方案。"人文行走"主题学习线路的多样性，允许学习者在面对多个可选项时，作出不同的选择，满足不同学习诉求。各区推出的带有区域特征和文化要素的学习资源，也让学习者感受到上海各区的特色，并对上海城市的印象更加立体和多元。海纳百川，正是多样性特征，让"人文行走"工作推陈出新，不断优化。

"人文行走"的品牌特征

二、泛在可选——"人文行走"的品牌意义

1. "人文行走"丰富了学习型社会与城市文化的建设方式

党的十八大以来，从中央的顶层设计到国家机关各部门的长远规划、具体事项安排，从文化建设的战略地位，到社会主义核心价值观宣传、学习型社会建设与终身教育推进，无不体现出一脉相承的战略布局。

在建设中国特色社会主义的伟大事业中，坚定文化自信、弘扬社会主义核心价值观，推进学习型社会创建和终身教育发展，成为重要的任务。而与上海市民学习相关的，则是直接来自三个方面的推动——新时代文化建设、学习型城市创建和终身教育发展。"人文行走"在传承城市历史文脉、彰显上海文化独特魅力的过程中，发挥了独特的作用。

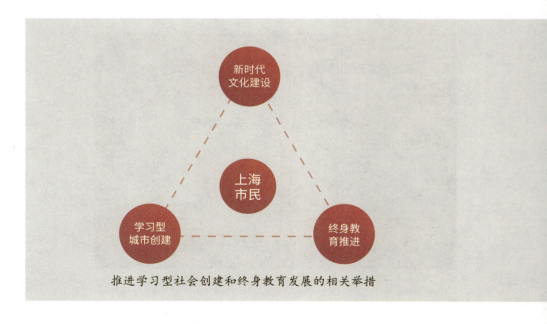

推进学习型社会创建和终身教育发展的相关举措

　　上海是一座具有悠久历史文化的城市，众多的人文地标和城市记忆是上海重要的文化财富。创新学习型社会文化品牌，是提升城市软实力的重要举措，有助于发掘深厚的历史文化内涵，有助于提升市民的"精、气、神"，从而对城市文明与社会发展产生重大的推动力。"人文行走"工作以扩大供给、丰富途径、激发认同的独特功能和重要意义，为上海建设国际一流的学习型社会注入了人文情怀。

　　"人文行走"作为创新型体验式学习方式，将市民的生活与学习结合在一起，将学习融入生活。让市民进一步参与社会、政治、经济和文化生活，并能在体验学习的过程中，深入理解他们作为社会的个体和集体对于城市的介入的意义和价值。

　　因此，从启动之日起，"人文行走"就成为上海进一步推进学习型城市建设、推进终身教育资源开拓的重要抓手，在提高城市文明程度和市民人文素质方面发挥着越来越重要的作用。

2021年"人文行走"摄影作品征集活动优秀作品

2. "人文行走"扩大了上海终身教育资源的供给

　　城市历史文化遗存是前人智慧的积淀，是城市内涵、品质、特色的重要标志，是城市的宝贵财富。

　　上海众多人文地标和历史遗存具有丰富的文化意义与教育内涵，是优质的教育资源，但是全市层面集中有效的组织统筹和活动载体的缺乏，使得社会对这些分散的教育资源利用不足。"人文行走"精准点题、精心组织，将大量历史建筑、场馆设施、工业遗存、非遗特色等社会资源整合起来，扩大了上海终身教育学习资源的供给，满足了上海市民对优质终身教育的需求。

　　"人文行走"依托市、区两级组织，并下沉至街镇社区，围绕上海16个区及相关区域的特点，以价值引领为核心，融入历史文化、艺术鉴赏、科普知识、非遗传统、思政课程、著名人物、典型事例等多元知识载体，还凭借信息化手段和创新工作方式，实现了资源的"泛在可选"和优势互补，带动各区提升文化软实力，推动终身学习和精神文明建设工作，为建设学习型城市提供丰富的学习"菜单"和实践案例。

"人文行走"规划布局

　　"人文行走"以满足学习者多样化的学习需求为出发点，以其持续性、多维性、人文性、参与性、多样性的学习特点，成为终身教育系统里继课堂教学、网络教学、团队学习、体验式学习后的又一种新型学习方式。它以营造"建筑可以阅读、街区适合漫步、城市始终有温度"的人文环境，通过丰富市民终身学习和修身行动的活动载体，引导市民修身律己、学以致用、知行合一，传承历史文脉，留住城市记忆。

建筑可以阅读

街区适合漫步

城市始终有温度

2020年"人文行走"活动

2021年"人文行走"摄影作品征集活动优秀作品

3. "人文行走"增加了市民参与终身学习活动的选项

如何延续城市文脉、留住城市记忆、弘扬新时代城市精神，是上海终身教育的重要命题。

"人文行走"为众多人文地标和城市记忆赋予学习元素，通过确定学习主题和路线，设计学习活动，并广泛组织、带领市民开展行走学习，越来越多的市民加深对上海历史文化的了解，提升对上海城市精神的认同，激发热爱上海、建设上海的家园情怀。市民还可通过"人文行走"的平台，将自己对上海、对上海生活的所感、所思、所悟，集结成优秀文章和摄影作品，相互交流，互相学习。为上海，为在上海的自己，留下一抹精神亮色。

学习过程中，学习者不仅可以"用脚丈量"、亲眼见证、亲手触摸城市历史和文明的积淀，在导学志愿者的生动讲解中全息感知、体验式学习，还有机会与久违了的自然、乡村、田野亲密接触，欣赏戏剧、演奏、朗诵、演唱，以及声光电的感官盛宴。伴随活动的社交属性，全方位、多渠道感受城市多元文化的故事、弘扬城市精神，增强自信心和幸福感。

2021年"人文行走"活动

学习，让城市更具品格！

学习，让生命更丰盈！

　　"人文行走"精心设计的学习内容和形式，保留了上海文化的精华。一方面，学习者参与的过程，不仅是传播和继承上海特色文化的过程，也是担当地方文化的传播者和弘扬者的过程。另一方面，"人文行走"提升了市民对上海文化的认识，促进人的全面发展和经济社会的可持续发展，持续提高市民终身学习品质和终身教育发展水平。

　　当跨越年龄鸿沟、地域边界、求学门槛的不同人群，通过"人文行走"的学习方式圆多彩梦想，当终身教育泛在可选，助力每一位学习者终身发展时，"人文行走"也让越来越多的人相信——学习，让生命更丰盈！学习，让城市更具品格！

2019年闵行区"人文行走"活动

≋ 总结

"人文行走"的学习方式

　　"人文行走"的学习采用线上线下信息化联动方式。"人文行走"提倡"时时可学习"，强调"处处皆教育"。学习是终身的，从幼儿到银发族，每个年龄段的学习者，都能够在"人文行走"工作平台上找到自己感兴趣的学习内容。学校、街区和社会公共空间、文博场馆、历史建筑等不同场所的教育价值，在"人文行走"工作中被充分挖掘。线上平台呈现出的知识库、系列课程、主题文章、音视频等学习内容，形成了不受时空限制的线上学习空间。人们通过手机新媒体完成碎片化学习、接收即时资讯，利用候车时、工作闲暇之余、节假日等碎片化时间即可轻松获得知识，在参与"人文行走"线下活动时，这些认知在具体情境中得以强化巩固并引发新的思考和感悟。人文学习项目形成了更适合信息时代的学习方式。

第一章
CHAPTER 1

行稳致远:"人文行走"的五年足迹

- 2018年——增"点"扩"线",深挖优质教育资源
- 2019年——全面推进,形成三大文化主题
- 2020年——疫情时期,线上线下融合的学习模式
- 2021年——建党百年,红色行走"十百千"献礼工程
- 2022年——迎二十大,五个新城续写行走辉煌

城市行走　人文修身

SHENGCHENGSHENGZOU REN WEN EXIUSHEN

勇立潮头敢为先，奋楫扬帆谋新篇。

城市的年轮，在行走的足迹中呈现；思想的明睿，在阅读的感悟中升华。

在上海，你能看见高楼耸立、风格迥异的现代都市天际线，也能看见风韵犹存的清朝、民国时期特色建筑群落。摩登与古老在时光的隧道里邂逅，精彩纷呈。现代与传统汇合，铸就了在"魔都"可观星辰大海、尽享繁花似锦的超然魅力。红色基因在这里代代相传，海纳百川的海派魅力和诗意秀雅的江南风韵在浦江之畔交相辉映。

在这座朝气蓬勃的"魔都"，创新孕育生机，一切皆有可能。

扎根大地的种子，积聚力量，终于迎来破土而出的时刻。

经过对多方资源的梳理和整合，一场对"人文行走"学习方式的全方位探索正式开启。随着《上海市城市总体规划（2017—2035年）》《上海市教育委员会等七部门关于进一步推进本市学习型社会建设的若干意见》，以及《关于开展市民修身行动 提升市民文明素养的实施意见（2016—2020年）》等文件的出台，上海市教育委员会和上海市精神文明建设委员会办公室联手，汇集各方力量，在实践中

《上海市城市总体规划（2017—2035年）》《上海市教育委员会等七部门关于进一步推进本市学习型社会建设的若干意见》《关于开展市民修身行动 提升市民文明素养的实施意见（2016—2020年）》

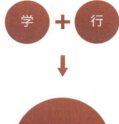

"人文行走"是
提升城市软实力的
有效途径

三区试点

杨浦区
普陀区
宝山区

发展创新，不断完善组织架构和工作体制机制，共同推进"人文行走"工作。"行"+"学"渐渐进入上海市民学习人文知识、获得全新感悟的生活新风尚，成为培育市民学习能力、提升市民综合素养，进而增强城市软实力的有效途径。

"人文行走"活动自2017年起试点探索，披着大力创建学习型社会的霞光，乘着深入推进终身教育的东风，在市民行走修身学习的壮丽舞台上，演奏出一个个阅读城市的华丽音符，谱写出一道道人文修身的和谐旋律。

回顾"人文行走"的五年发展历程，就好似翻阅一幅幅充满热情、喜悦和深情的照片，重温一场场与历史对话、与时空交流的动人场景，令人目不暇接、遥想远思。

2017年6月，以"申城行走·人文情怀"为主题的上海市民"人文行走"项目启动仪式在杨浦区举行。

"人文行走"首先在杨浦、普陀、宝山三区开展试点。"申城行走 人文修身"的星星之火由此点燃。杨浦区推出"三个百年"特色线路，宝山区推出来自"三源"的"行知教育线路"，普陀区推出"真如寺线路"等"人文行走"线路。

2017年　"人文行走"工作试点启动仪式

案例

杨浦区的"百年工业""百年大学""百年市政"

杨浦区是上海中心城区中面积最大、人口最多的区，有着"三个百年"（百年工业、百年高校、百年市政）的地域历史文化特色。

杨浦区曾经是上海乃至中国的制造业中心。以杨树浦为代表的黄浦江工业区，聚集了自来水、电力、纺织、造船、制皂、手表制造及水运码头等各个类型的产业，是上海近代工业发展最早、最集中的地带。区内有复旦大学、同济大学、上海财经大学、上海理工大学、上海海洋大学、上海体育大学、海军军医大学、空军政治学院等著名高校及一批科研机构，科教资源丰富，被誉为"上海学府中央区"。而江湾—五角场地区曾是20世纪30年代国民政府根据孙中山《建国方略》而制订的"大上海计划"选址地。区域内仍保存着民国时期上海市政府大厦（现上海体育大学绿瓦楼）、市博物馆（今长海医院内）、市体育场（现江湾体育场）、市图书馆（现杨浦区图书馆）等一批历经近百年沧桑而风采依旧的历史建筑。

2017年，杨浦区按"三个百年"特色设计出"人文行走"路线。其以百年工业为人文学习主题的路线，由国歌纪念广场、秦皇岛码头、上海杨树浦水厂、上海第一毛条厂、东方渔人码头、杨树浦发电厂、国棉十七厂、定海桥8个人文学习点串联而成，沿着黄浦江北岸向东，带领市民一路领略杨浦滨江百年"秀"带人文景观。在其他方面，百年大学主题线路中的复旦大学，百年市政主题线路中的杨浦区图书馆、上海体育大学绿瓦楼和江湾体育场等历史文化学习点也在密集建设之中。

杨浦区"人文行走"线路

案例

宝山区的"抗战之源""行知教育之源""民俗文化之源"

宝山区将区域内丰富的人文历史资源整理为"淞沪抗战之源""行知教育之源"和"民俗文化之源"，并以此为基础，设计出三条不同主题的"人文行走"路线。其中："抗战之源"从淞沪铁路、吴淞炮台旧址、长江河口科技馆、淞沪抗战纪念馆、陈化成纪念馆的串联中挖掘全民抗战留下的斗争历史与地理遗存；"行知教育之源"从行知中学、行知育才旧院、行知公园、行知纪念馆的串连成线中探寻近代著名人民教育家陶行知先生致力于"知行合一"的教育思想和伟大实践；"民俗文化之源"则从尊木会、奇石馆、顾村公园等新旧景点和藏品中展现丰富的民间文化与自然风光。

宝山区"人文行走"线路

案例

普陀区的"真如寺学习线路"

普陀区内，建于元代的真如寺历史最悠久、影响最深。该区根据其缘寺兴镇的近900年历史，推出了"真如寺学习线路"。该区选择宜川路街道、真如镇街道和桃浦镇三个街镇，先行先试，逐渐形成技能体验类、爱国教育类、科学普及类、艺术教育类、历史建筑类、非遗传承类等6大类52个"人文行走"学习点，近万人参与学习。

普陀区"人文行走"线路

这三条试点线路，经过实践修正、打磨完善，现在都已成为"人文行走"的热门线路。"人文行走"的创造性探索，开阔了市民的眼界，激活其思维，提高学习的主动性和可选性。通过试点，"人文行走"工作所融合的多个企事业单位、公共设施管理机构的多元主体已具雏形，为之后进一步推动体验基地与社区教育的适度联结，深化

"人文行走"工作的学习内涵，丰富"人文行走"的学习途径，创新"人文行走"的学习方式，让"人文行走"工作融入上海创新之城、人文之城、生态之城建设，让市民切身感受到城市生活的温暖和幸福，并逐步走向全市各个社区的广阔天地打下了基础、做好了铺垫，为"人文行走"的行稳致远打造通途。

杨浦区"三个百年"人文行走活动

一、2018年——增"点"扩"线"，深挖优质教育资源

　　2018年，"人文行走"工作正式起步。这一年的主要工作成果有：印发《通知》、完整建立起"人文行走"学习支持服务体系，开展第二批试点单位增"点"扩"线"和入选全国学习品牌项目。

1. 印发《通知》,建立"人文行走"学习支持服务体系

2018年6月,上海市教育委员会、上海市精神文明建设委员会办公室发布《关于开展"申城行走　人文修身——上海市民终身学习人文行走"工作的通知》(以下简称《通知》),决定共同在全市开展此项工作。

《通知》明确,开展此项"人文行走"工作的目的是:全面推进本市学习型社会建设,进一步深化"市民修身行动",不断提高城市文明程度和市民人文素质。

《通知》不仅明确了工作体制、主要任务和三年工作目标,还在附件"方案"中,具体提出了"梳理区域资源,培育人文修身学习场所""设计学习线路,提供人文行走支持服务""组织人文行走,拓展市民行走学习方式"等工作措施,以及"建立联席会议制度""组建推进工作队伍""培育人文修身项目""放大人文行走效应"等工作要求。

2021年 "人文行走"活动

《通知》的下发，标志着由市委市政府下属职能部门共同主持的“人文行走”工作在全市范围正式推行，标志着从工作体制、主要任务、主要目标到工作措施、工作要求等方面，已全面建立起“人文行走”工作的支持服务体系，标志着全市各级层面组织的“人文行走”学习项目有了规范、统一的文件指导和检验标准。即：体制全面确定、组织全面发动、任务全面推进。

体制全面确定　组织全面发动　任务全面推进

2018年“人文行走”推进会

2018年“人文行走”推进会

2. 增"点"扩"线"，试点单位新增至11个区

这一年，根据《通知》里三年工作目标的分解，各区深挖当地特色和优质教育资源，"人文行走"第二批试点新增至11个区。截至2018年年底，11个区全部确定了本区"人文行走"的学习主题，并完成了"人文修身"学习点设置和行走线路设计工作。建立市级"人文行走"主题学习线路11条，内含人文修身学习点73个，形成相应配套学习手册及相关支持服务系统建设。至此，全市共建立起100余个学习点和20余条区级行走线路。据统计，至2018年年底，全市累计已经有超过100万人次参与了行走学习。

①多区联动，充分挖掘各具特色的主题学习线路

依据《通知》确定的工作要求，在三区试点的基础上，黄浦、静安、徐汇、长宁、虹口、闵行、松江、金山等区作为第二批试点区进入，他们也要在机制上进一步探索，注重创新发展和内涵深化。

第二批的试点工作从全市11个区的文化热点和特色资源中挖掘、建立了11条市级"人文行走"主题学习线路，增添了新的资源。

这些学习线路的设立，经历了前期大量的挖掘、梳理、考证、比较、提炼，各区在路线内容设定时，将社会主义核心价值观日常化、具体化、形象化、生活化的理念融入其中。同时，各区结合本区特色，巧妙地将行走和学习结合，让物理空间的变化和思维的跃迁融合，将各种社会公共文化资源、大量人文地标和城市记忆串联起来，形成行走路线。

虹口区的"追寻红色印记，构筑中国精神"、黄浦区的"海派黄浦，红色魅力"、静安区的"修志问道，传承启博"，以及长宁区的

"走进愚园路老洋房的红色印记"等线路，为传承红色文化、弘扬爱国精神发挥了作用。

"人文行走"活动现场

普陀区的"百年苏州河，魅力十八湾"、徐汇区的"人文行走之魅力衡复"、杨浦区的"重走百年民族制造之路"，以及宝山区的"穿梭创客空间，解码科创基因"等路线，不仅向人们讲述了上海的历史，更展示了城市发展和科技创新的活力。

金山区的"览廊下民居，感家风传承"、闵行区的"传承民族文化，品味非遗魅力"、松江区的"上海之根，人文行走"则为学习者提供了穿越历史、深入探寻传统江南文化的学习机会。

追寻红色印记、探访名人旧居、重走百年工业之路、寻源百年苏州河、体验科创基因解码、品味非遗魅力、寻根上海历史、感受民居家风……各区特色"人文行走"线路，为不同年龄、不同职业、不同文化背景，具有不同审美品位，拥有不同兴趣爱好的市民提供了丰富的"行走"选择，使他们能够根据爱好，多元化地感受上海历史变迁和城市发展的各阶段面貌。

各区行走线路运行逐步成熟，为之后跨区联动、开展更加宏大的主题活动打下了扎实的基础。

②"行""学"融合，吸引不同人群体验学习、感知城市文化

这一年，"创新发展和内涵深化"的另一个亮点是参与学习的群体大大扩展。各区通过发挥社区教育三级网络优势和区文明办的职能作用，在更大范围内组织党员干部、在校学生、企业职工、社区居民、外来务工人员，以及外国友人等各类群体参观人文修身学习点，开展各类主题鲜明、内容生动、形式多样的教育实践活动。

"行""学"融合的方式，丰富了思政课的学习形式，将课堂从有限的教室空间拓展到了无围墙的社会天地，让学生们身临其境，感受革命先烈的英勇与大无畏革命精神，其爱党爱国之情得到了升华；

"行""学"融合的方式，让企业职工从宏大的历史角度观察上海城市发展，对上海的城市精神、城市品格有了更为深刻的理解；

"行""学"融合的方式，也让看惯了上海繁华喧嚣一面的人士，发现了它有别于时尚"魔都"的另一面：一张充盈着江南文化古韵、深厚历史积淀和宁静淡泊个性的城市面孔。

增"点"扩"线"，深挖优质教育资源所取得的社会效应有目共睹。家长带着孩子走出家门，来到户外，大手牵小手，促进了亲子之间的交流，人文元素润养了家长和孩子的心灵，减少"内卷"的焦虑；外来务工人员和外籍人员通过参与活动，对城市的归属感和热爱

之情得以提升，上海这座城市成为他们造梦的舞台；退休老人在活动中收获了"老有所学""老有所乐"的充实感，认识更多朋友，老年"孤岛"不复存在，老人切身感受到了这座城市对老年人的关怀与眷注。

③亲子互动，联结家庭情感纽带，聚力文化交互群落

就像很多活动自带社交属性，"人文行走"活动也有增进同伴之间互动与交往的作用。尤其是在亲子活动中，人们经常看到家长带着孩子，兄姐带着弟妹，大手牵小手，在参观与聆听中开展手创团建，学思践悟。

每年7—9月，素有"芙蓉镇"美誉的松江区新浜镇，荷香、稻香、菜香吸引着家庭的学习者出行前来。父母带着孩子走进村落，在荷花种苗基地迎着扑面而来的荷香，观赏数百种荷花绽放，一同彩绘美荷、手包荷叶饭。在不远处的"上海市提高级妇女之家"（注：妇女之家是基层妇联组织联系妇女、服务妇女的重要阵地。为持续深化群团改革，增强基层妇联阵地的活力，上海市妇联开展了妇女之家增能升级和提高级、示范级妇女之家推荐工作），做剪纸、土布手拿包，听沪剧、沪语等民俗文化课程，寓学于趣。再走一段路，就是上海市双学双比示范基地农趣园，插秧、种菜、比赛收割速度，让亲子家庭在劳作中感受农耕文化的魅力。在开放式休闲林地沿着北侧的大蒸港漫步，沐浴自然之景，享受惬意的午后时光。

不止如此，在这条行走线路上，还有陈云与松江地区农民暴动史料馆、毛泽东风采展厅。整条路线设计集生态观光、红色教育、农活体验、文化之旅于一体，让亲子家庭感受乡土文化、滋养乡风文明，在行走中共同奋进，在实践中共同成长。

2018年 "人文行走"活动

　　七宝镇社区学校组织亲子家庭前往七宝社区党群服务中心进行团建共创。家长们敲敲打打地制作软木包，孩子们全神贯注地拼插福虎盒。秉着"友谊第一，比赛第二"的友爱精神，孩子们在合作互助中完成了一件件精美的文创艺术品。大家互相欣赏，彼此称赞。徐汇区斜土街道新时代文明实践分中心组织的南洋中学"人文行走志愿团"，不仅为同学们提供讲解服务，更以"二带一"的结对方式相携——两名高中生志愿者携一位社区青少年，一同行走、共同学习。

2018年 "人文行走"活动

　　依托亲子互动的学习社交模式，延展社交群落的建构是“人文行走”的情感聚力。比如徐汇区策划的“触摸文脉”骑行路线让骑行爱好者踩着春天的音符，用车轮在人文故居留下“骑”迹。闵行区的“航天闵行　筑梦飞翔”主题活动为市民科普航空航天知识，让市民有机会体验航空航天模拟飞行，为航天爱好者、宇宙梦想家打造了一场蓝天之旅。

2021年徐汇区“人文行走”路线

　　上海大来时间博物馆开展的“时钟文化”人文行走活动为“时钟收藏家”讲述了一个个时钟背后的故事。拨动不同年代的时钟，聆听不同年代的“嘀嗒”声，在时钟的神秘之音中进入历史的庄重空间。

2022年闵行区"人文行走"主题活动

　　石湖荡镇社区学校的"科创松江"线上活动，让"科技迷"云游科技产业，感受科创力量。"人文行走"开拓了以亲子社团为基础，向社群聚落多样化发展的新模式。做不同社群、团体的情感黏合剂，让不同群落、不同爱好的人都能在行走中找到归属，找到心之所向、心之所爱。让每一个人在不同行走路线中沉浸式地触摸上海的历史血脉，实地用脚步丈量感受上海的文化底蕴，使得那些曾经伴随并见证着上海沧桑历史、文化兴衰、精神面貌和发展步伐的"刻痕、缺口和弯曲的边缘"，铭刻在每一位行走学习者的心中。

2020年松江区 "人文行走"活动

3. 脱颖而出，分获市级、国家级终身学习品牌项目荣誉称号

2018年10月，在上海市第十四届全民终身学习活动周开幕式上，"人文行走"工作获得"上海市2018年终身学习品牌项目"的荣誉称号。同月，在2018年全民终身学习活动周全国总开幕式上，"人文行走"工作获"2018年特别受百姓喜爱的终身学习品牌项目"荣誉称号。

"人文行走"荣获"2018年全国特别受百姓喜爱的终身学习品牌项目"称号

连续获奖是对刚刚起步的"人文行走"工作的热情褒奖和坚定支持，激励着主办者们不断努力，继续探寻挖掘上海的公共优质文化资源，创造更多的机会、提供更多的服务，让这道"人文行走"学习风景线更壮大、更美丽，让市民感受申城行走的魅力，将"人文行走"打造成为上海终身教育市民学习的一张闪亮名片。

二、2019年——全面推进，形成三大文化主题

2019年，"人文行走"工作势如破竹，迅猛前进。全市16个区确定"人文行走"学习点和行走线路设计，达到近30条主题学习线路和207个人文修身学习点的新规模，形成全市范围"人文行走"学习体系，打造出一批"人文行走"学习圈，构建了一批"人文行走"的学习链。"人文行走"学习资源得到进一步扩充，成为本市终身学习、市民修身的重要组成部分。截至本年年底，共在12个区开展了13场主题活动，约有60万人次参与。

也是在这一年，声名鹊起、稳步发展的"人文行走"工作受到市领导的关注，被列入市委市政府的重点工作目录。这也是此项工作后来能够被写入市委市政府相关文件的重要积淀。

上海因独特的地理、历史和文脉，产生了以红色文化、海派文化和江南文化为代表的城市文化，在这一年，三大文化开始在"人文行走"工作中形成系统的主题内容，又因中华人民共和国成立70周年和上海解放70周年的重要时节而谱写出辉煌的新章。

1. 三大文化主题，对位上海城市文化和城市精神

2021年9月，《上海市社会主义国际文化大都市建设"十四五"规划》发布，将三大文化与上海城市精神并列："红色文化、海派文化、江南文化共生共荣，构建起'上海文化'的内涵基因和独特品质。'海纳百川、追求卓越、开明睿智、大气谦和'的城市精神和'开放、创新、包容'的城市品格，是上海宝贵的精神财富。"

《通知》里也将"全力打响'四大品牌'，弘扬上海城市精神，挖掘上海深厚的人文资源，展现上海红色文化、海派文化和江南文化的文化形态，全面推进本市学习型社会建设"，作为"人文行走"工作的主要目标。

上海，既是传统江南文化传承创新的关键枢纽，也是近现代文化汇聚转化的前沿阵地，更是中国共产党锻造初心的红色文化策源地。因此，聚焦红色文化、海派文化、江南文化，成为弘扬社会主义核心价值观和上海城市精神的重要课题，成为全力打响"上海文化"品牌、探索全民终身学习的重要主题。

上海城市精神

所谓"红色文化"，是指在革命战争年代，由中国共产党人、先进分子和人民群众共同创造并极具中国特色的先进文化，蕴含着丰富的革命精神和厚重的历史文化内涵。习近平总书记多次强调，红色文化是党和国家的宝贵精神财富，要教育引导全党大力发扬红色传统、传承红色基因，赓续共产党人精神血脉。

所谓"海派文化"，是指上海开埠以来，既根植于江南地区传统的吴越文化，又融入吸收西方欧美地区的各国文化，视野开阔、广收并蓄、善于创新的文化精神，并不断进取，与时俱进，演化成为今天的上海城市精神。

上海三大文化

所谓"江南文化"，是指江南地域水乡风景秀美、人民灵秀颖慧、社会崇尚文教、思想开放包容的文化精神。

三大文化资源相辅相成、交融激荡，留下丰富的历史遗产与创新成果，启迪着上海的文化传承，催生着城市的文化创新，奠定了上海在全国乃至世界的特殊的文化地位。

2021年"人文行走"摄影作品征集活动优秀作品

上海市第十五届全民终身学习活动周开幕式
"人文行走"展区

在上海人眼里，将三大文化主题与"人文行走"工作相结合，就是要更加彰显文化品牌标识度。"红色文化、海派文化、江南文化资源持续用好用活，红色文化立心铸魂基石作用进一步夯实，海派文化开放包容窗口作用进一步凸显，江南文化传承创新示范作用进一步提升，全力点亮'上海文化'品牌，打造文化品牌高地。"

在上海，彰显三大文化主题的纪念场馆、历史遗存家喻户晓，但如何将这些场景连点成线，组建学习圈，联网成片，为市民终身学习提供一站式"菜单"，尚有待研究。"人文行走"工作正是补足这"最后一公里"的即时之策。

至2019年度，全市16区全面开发"人文行走"线路，形成12场主题线路实践，为开展三大文化建设创造了很好的条件——现有的景点与遗存等全部进入了"人文行走"路线规划的视野，并且已经成熟运行的组织结构也为完整规划提供了资源基础与操作可能。

2019年静安区"人文行走"活动

在红色文化方面——宝山区的"抗战之源"从淞沪铁路、吴淞炮台旧址、淞沪抗战纪念馆、陈化成纪念馆等遗存中挖掘区域内全民抗战等斗争历史；黄浦区推出"海派黄浦，红色荣耀"活动；长宁区用几十年上海新老图像对比，开展"图说上海红色记忆"活动；静安区启动"行走践初心，砥砺再前行"红色主题活动等。

红色文化——长宁区"人文行走"活动

在海派文化方面——杨浦区打造出"三个百年"特色路线，其以百年工业遗存为特点的浦江滨江行，就以从"工业锈带"到"生活秀带"的生动变化，成为上海"人文行走"学习线路的一个典范；宝山区的"行知教育之源"，则是将著名人民教育家陶行知先生致力于"行知统一"的教育思想和伟大实践介绍给更多的参观者。

海派文化——徐汇区"人文行走"活动

　　在江南文化方面——奉贤区的"人文行走，美育修身"项目选择了
"江南贤韵·美谷印象"路线，弘扬美育精神；嘉定区以"拾味南
翔"主题线路为特色风味小吃擦亮风俗名片；闵行区的"礼赞新时
代，美丽乡村行"则展现出"乡村振兴"政策下社会主义新农村欣欣
向荣的崭新面貌。

江南文化——宝山区"人文行走"启动仪式

　　三大文化主题的演绎与设计，给上海市民带来不同的行走主题内
容，让市民感受不同的行走体验，激发"在行中学，在学中行"的人
文修身学习热潮。每一个参与行走者，都可以从中获得独有的身心体
验、感受独具的家国乡愁、激发独特的精神感悟、培育独享的人文情
怀。

2019年黄浦区"人文行走"活动

2. "礼赞新时代"响彻滨江，跨区域联动再创新声

　　2019年度规模最大、影响最广的主题学习活动，就是为庆祝中华人民共和国成立70周年和上海解放70周年而举办的"礼赞新时代　人文滨江行"人文修身主题活动。

　　2019年9月12日晚，不少上海市民驻足杨浦滨江秦皇岛码头，站在中共早期领导人旅法勤工俭学的启航地，向祖国、向时代致敬。70架钢琴的大合奏响彻浦江两岸，全场齐声唱响《歌唱祖国》，用琴声和歌声为新中国七十华诞送上祝福。"礼赞新时代　人文滨江行"主题活动由此正式拉开序幕。

2019年"礼赞新时代 人文滨江行"人文修身主题活动

　　"70年披荆斩棘，70年风雨兼程，70年砥砺奋进……这是共和国奋斗的史诗，不仅诠释着中国共产党人的初心和使命，而且激荡着中国人民百折不挠、砥砺前行的奋斗精神。"时任上海市教委副主任倪闽景在活动的启动仪式上表示，在行走中品读历史、解读上海，对市民感知城市温度、提升人文素养有重要意义。

　　更具创新意义的是，此次人文修身主题活动不只是局限在杨浦，而是一次涉及浦江两岸、五区联袂展开的市级活动。随着杨浦、虹

口、黄浦、徐汇、浦东沿江核心段公共空间的全面贯通，45公里江岸线被改造成为可漫步休闲的江景小道。从杨浦大桥到徐浦大桥，沿江处处有亮点，为市民游客提供了"可漫步、可阅读、有温度"的水岸空间，成为城市美好生活的缩影。在随后两个多月里，五个区纷纷组织市民，以黄浦江为脉络，开展滨江"人文行走"接力活动。人们观滨江、振精神，品文化、树新风，以终身学习的方式践行"不忘初心、牢记使命"。

这是"人文行走"为新中国七十华诞送上的最真诚的贺礼。活动引起社会众多反响，好评如潮，还被评为2019年"上海市民修身行动特色项目"。

也正是这次活动，使得"人文行走"工作不再拘泥于各条区级的行走路线，而是在连点成线的基础上，形成了形式更为丰富、内涵更为深厚的行走学习圈，并由学习圈延伸至主题链。"人文行走"旨在多方联动，主动作为，策划举行大量紧贴当下热点、弘扬时代精神、承载上海文化源流的主题活动、专题活动。以培育和践行社会主义核心价值观为主线的主题活动多点开花，呈现出丰富多彩、百花齐放的新局面。在行走中学习，不仅展现了跨越时空的文化对话，迸发出终身学习的勃勃生机，更将培养担当民族复兴大任的时代新人、弘扬共筑美好生活梦想的时代新风的根本任务落到了实处。

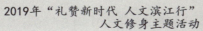

2019年"礼赞新时代 人文滨江行"
人文修身主题活动

报道

寻找老照片中的红色记忆

2019上海市民终身学习人文行走首场主题活动在长宁区启动

上海的城市文脉、城市精神、城市印记，是生生不息的市民终身学习的源泉。如何挖掘城市人文地标的历史文化内涵？以"图说上海　红色记忆"为主题的2019年首场上海市民终身学习"人文行走"主题活动今日下午在长宁区社区学院启动。

此次"人文行走"主题活动不同于以往按照"人文行走主题线路"行走在"人文修身"学习点之间，而是一次记忆上的"时空行走"，通过展示影像资料，感受上海的时代变迁，在不同的时间与空间上搜寻"红色记忆"，展现人文情怀。

"图说上海　红色记忆"影像展展出的所有珍贵的影像资料全部来源于陆杰城市影像工作室。该工作室成立于2014年，是由摄影家陆杰和长宁区社区学院共同创设的，传播和普及城市影像文化及上海海派文化、服务市民终身学习的专业平台。每年，工作室通过不同专题的城市影像展览、城市影像记录高端讲座、城市记忆人文行走等为市民提供了具有丰富文化内涵的学习项目，同时在社区学院的组织下，深入社区，开展贴近市民生活的城市影像巡展、社区教育摄影教师培训、摄影沙龙活动等，让广大市民有机会走近由一组组珍贵的、不可复制的照片串联起来的艺术美感与史料研究价值兼具的影像资料库。该工作室也挂牌成立了"上海市民终身学习人文行走影像资料中心"，通过几十万张上海城市发展底片和档案资料，服务全市"人文行走"工作。

——《新民晚报》2019年6月19日

三、2020年——疫情时期，线上线下融合的学习模式

2020年春，突如其来的新冠肺炎疫情冲击社会，全国进入疫情防控的特别时期。社会活动暂时停摆，"人文行走"活动也受到很大影响。

随着疫情防控进入常态化，"人文行走"工作以新的形式逐步推进。一是积极开拓网上线路，提供更多学习资源，满足市民居家学习的需求；二是积极新辟线路，进一步挖掘上海丰富的文化内涵和历史积淀，拓展市民终身学习方式，坚持在全市再打造一批"人文行走"学习圈、构建一批"人文行走"学习链。

2020年，"人文行走"办公室向全市征集新辟"人文行走"学习线路，各区新增申报17条主题线路、88个人文修身学习点，后期形成"人文行走"手册和地图册，并上传至"人文行走"小程序，供市民网上学习。

1. 居家漫步，"人文行走"云路线

疫情期间，线下教育活动受阻，但教育系统仍然坚持"停课不停学"，提倡积极开拓网上教育。"人文行走"办公室利用"上海市民终身学习人文行走"公众号、"上海学习网"等多个原有线上平台，策划推出"宅家人文行走"系列板块，用"看一看""听一听""想一想"等辅导形式，使市民足不出户便可获得"人文行走"学习项目的线上教育服务。

　　这一年，"宅家人文行走"总计推出11条"人文行走"在线线路内容，如黄浦的"海派黄浦红色魅力"、杨浦的"重温百年民族制造之路"等，内容范围包含了全市11个区、73个学习点。市民可通过网络，多平台选择，宅家学"人文行走"。这项线上学习服务受到广大市民热烈欢迎。据统计，全年有2万人次参与"上海市民终身学习人文行走"微信公众号学习，有25万人次参与"上海学习网"空中课堂"人文行走"学习。

　　"人文行走"办公室凭借日臻成熟的工作机制和积累的众多教育文化资源，迅速制作线上学习专题，短时间内吸引了众多市民参与。通过"走进金山嘴渔村""人文瀛洲，生态崇明""美丽乡村，闵行革新村""百年苏河，创意普陀"4期系列直播课程，探索了直播"云课堂"和在线"云行走"模式，还为老年人提供了数字化沉浸式体验的学习机会。课程因此获得上海市老年学习团队特色课程奖，成为上海作为学习型社会为老年教育办实事的生动缩影。

2. 人文寻脉，"江南文化"主题学习链

　　2020年，新辟并开展了以"江南文化"为中心的"逐梦新征程，寻脉人文行"上海市民终身学习人文修身主题活动，大力挖掘上海传统的江南文化资源，让江南特色文化融入城市血脉，流淌到市民心中。

　　这是一条由城市郊区特色学习圈构成的绵长悠远的行走主题链，环上海市域逆时针而行。从北端崇明的"垦拓文化，生态崇明"学习圈出发，第二站是宝山的"美丽乡村，邂逅泾彩"。接着是嘉定的"环城水岸，追昔抚今"，沿水路而下，又见青浦的"上善人文行，品

味水乡韵"，及至松江的"学四史，读建筑"、奉贤的"步履青溪，约见文化"、金山的"悠悠水库，水韵江南"，然后去看看"时代印记，感受魅力闵行"，最后东行至浦东新区的"古城新镇，求是启真"。

一条条"人文行走"主题路线串联并点亮一条优美的"江南文化"学习主题链，让人们充分感受到江南文化与中华文化经脉相通、血气相连的精神内涵和当代价值。

3. 主题拓展，路线纷呈显各区特色

2020年新辟的学习主题，内容更加丰富，文化更加多元，形式更加多彩，并紧密结合全党开展的"四史"学习教育活动，提升了市民的思想认识，充实了城市文化的内涵。

崇明区的"垦拓文化，生态崇明""人文行走"学习线路，紧紧围绕"知青""农场"两个关键词所蕴含的历史痕迹与时代特点，精选了新海镇展览馆、新海镇新时代文明实践分中心、知青公园、上海知青纪念馆四个学习点。让市民在行走中，了解崇明农场知青艰苦创业、敢为人先的垦拓精神与青春无悔、不屈奋斗的知青文化。

崇明区"人文行走"学习地图

　　闵行区地域广阔，从浦东到浦西，传统的农耕文明、新中国的红色印记、现代工业历史遗存，都有着丰富的人文价值。"人文行走"活动积极宣传当地的历史和人文知识，让市民从中了解自己所处区域的特色和文化。

　　奉贤区结合区域"贤""美"文化特色，依托红色阵地、文化地标及乡村振兴示范点等资源，并与"四史"学习教育点位连点呈现。市民在"忆红居"追忆沈志昂烈士为劳苦大众谋幸福、为民族解放而奋斗的理想信念，在沈家花园了解淞沪抗战的历史，到奉贤区档案馆和奉贤规划资源展示馆了解奉贤社会历史变迁和发展成就。

奉贤区"人文行走"学习地图

　　宝山区"美丽乡村，邂逅泾彩"以罗泾镇"打好生态牌、做足水文章、发展大健康、培育泛教育"为特色，坚持"生态+产业"的齐头并进，展现乡村振兴示范片区建设成果，让市民通过水清、田秀、林逸、路幽、舍丽，感受新农村生活，体验乡情。

　　普陀区"人文行走"路线有着悠久的历史传承和典型的地域特色。市民可通过参观真如寺、真如历史文化陈列室，直观地了解真如镇的前世今生、特色物产、文化遗存及发展愿景；可瞻仰十九路军军部遗址，回望"一·二八"淞沪抗战历史；可欣赏普陀区非遗项目秸绣和朱氏绳艺的独特工艺及精美作品。

嘉定区"环城水岸，追昔抚今"以嘉定镇街道的环城河步道为主要行走路线，其沿河步道总长度为6.5公里，将孔庙、法华塔、西城墙及小河口银杏园等嘉定著名的自然历史人文景观串联起来，连通古今。漫步在环城水步道，既能欣赏新嘉定的优美与活力，又能领略古城风采，追寻上海嘉定的历史变迁，一日看尽800年。

长宁区的"海派印记　静雅武夷"人文行走路线，设计带领市民在各国建筑中，感受中西文化的融合；在安逸庭院间，体验起伏变化的人生；在幽静小路上，聆听沿路发生的故事。在时光中穿梭，沉醉于往日的经典，回味不凡往事。

2020年，全民终身学习活动周全国总开幕式在上海举行。在实地考察环节中，以杨浦滨江为代表的"三个百年"行走线路，因其典型的上海历史文化特色和丰富的观瞻性而得到全国与会嘉宾、代表的一致好评。

2020年全民终身学习活动周全国总开幕式与会嘉宾行走"人文行走"线路

2020年全民终身学习活动周全国总开幕式与会嘉宾行走"人文行走"线路

四、2021年——建党百年，红色行走

"十百千"献礼工程

2021年是中国共产党建党100周年的重要年份。围绕这一重要节点，这一年的"人文行走"工作分别从两个方面展开。

一是庆祝建党百年，开展了"十百千"工程专项活动。二是进一步完善学习点建设与推进主题学习的各项服务活动。

通过对红色线路的梳理及建设，"人文行走"将在上海发生的历史事件进行了系统、科学、有历史依据的串联。

截至2021年12月底，累计共有超过180万人次参与了"人文行走"学习，40万人次参与网上行走，向市民征集摄影作品和征文600余组，平均单份作品点赞数超6万次，直播课堂单次收看人数近5000人。

2021年7月，在联合国教科文组织终身学习研究所发布的学习型城市应对疫情全球典型案例中，上海服务老年人学习的案例成功入选，成为全球13个典型案例之一。其中，探索形成"云课堂"+"云行走"成熟模式的"人文行走"发挥作用。

1. 庆祝建党百年,推行"十百千"工程扩展计划

2021年是建党100周年,"人文行走"开展了形式多样、内容丰富的行走主题宣传教育活动,围绕"红色文化"学习点和学习线路,讲好中国共产党的故事和新时代中国特色社会主义的故事,充分宣传展示中国共产党百年来的光辉历程、伟大成就和现实图景。作为服务支撑的大手笔,是市教委会同市委宣传部、市文明办、市委党史研究室发起的"十百千"工程,即:打造10条红色主题线路,举办100场"红色修身　文明实践"行走主题活动,培训发动1000名红色导学志愿者参与导学宣传,营造"党的生日·我们的节日"浓厚氛围,并基于活动内容完善支持服务系统,开展线上专题学习活动、市民优秀作品征集等工作。

"十百千"工程

"十百千"工程

打造十条红色主题线路

举办百场『红色修身　文明实践』行走主题活动

培训发动千名红色导学志愿者

2021年"红色修身　文明实践"人文行走主题活动启动仪式

①打造十条红色线路

推出10条以"红色修身　文明实践"为主题的"人文行走"线路，共计64个"人文修身"学习点，并于6月10日在中共中央秘书处机关旧址正式发布。这次活动获新华网、人民网、"上海发布"和《新民晚报》等多家媒体、官方平台报道，并在"人文行走"官方微信平台建设主题页面，方便市民线上学习。活动还专门设计制作红色"人文行走"学习手册和学习地图，制作多媒体学习资源（音频导学语音、场馆展示视频），方便参观者通过"人文行走"小程序观看学习。

十条"红色修身 文明实践"人文行走线路示意

②举办百场主题活动

以爱国主义教育基地、市民修身市级示范点和基地、新时代文明实践中心（分中心、站）、市级志愿服务基地、"人文行走"学习点为基础，以"红色文化"为主题，开展"红色修身　文明实践""人文行走"主题活动，通过活动推进市民修身立德、知行合一，推动城市精神走进市民心中，融入城市血脉。从青浦的"红色印记·薪火相传"，到杨浦的"全民崇学扬新风　红色行走谱华章"，再到崇明、黄浦、嘉定、虹口、闵行、普陀、静安、浦东，大大小小的"人文行走"红色主题活动丰富多彩，总计举办超过100场。

2021年 "人文行走"活动

③培训千名红色导学志愿者

举办红色文化导学志愿者培训班，近50名志愿者代表参与线下培训，各区150多名学员全程参与线上培训，随后再孵化出千名红色导学志愿者。

为此，"人文行走"开展了"红色修身　文明实践"人文行走暨"党的生日·我们的节日"市民修身系列活动，通过对红色点位、红色场馆、红色文化的梳理设计，引导广大市民通过人文行走的方式了解党史、学习党史、走进党史，进一步厚植对中国特色社会主义的信念、增强实现中华民族伟大复兴中国梦的信心，让初心薪火相传，把使命永担在肩。

2021年红色行走项目的"十百千"工程，是向建党100周年的特殊献礼，是为上海持续打响红色文化品牌、构筑红色基因、传承弘扬精神、赓续红色血脉作出的不平凡的贡献。

2. 服务支撑，提升市民学习体验感

为配合以庆祝建党100周年为宣传重点的"十百千"工程，"人文行走"办公室大力推进和完善服务支撑体系：开设官方微信平台建设主题页面，方便市民线上学习；举办摄影作品征集和征文活动；举办直播大课堂等线上学习展示活动；重点启动上海市民终身学习"人文行走"实时数据服务平台，在教育数字化的大背景下，进一步通过相关数据的整合和分析，调整学习线路和学习点设置，更精准地服务于市民的行走学习，提升市民行走体验的舒适度。

实时数据服务平台
热门学习线路展示
热门学习点位展示
线下打卡数展示
打卡活跃度展示
主题线路分布图
......

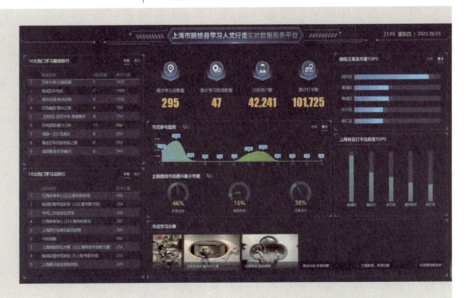

上海市民终身学习人文行走实时数据服务平台

五、2022年——迎二十大，五大新城续写行走辉煌

2022年，又一波新冠肺炎疫情凶猛袭来，上海的防疫抗疫在上半年经历了极其艰难的阶段，但"人文行走"工作依然有条不紊，依靠完善的数字化资源坚持"云中漫步"。下半年，在疫情防控形势有所好转、社会面基本恢复正常之后，"人文行走"重点推出以"五个新城"为起点的"全民崇学 喜迎二十大"主题活动。

1. "数字+"赋能"云中漫步"

2022年上半年由于受到疫情影响，"人文行走"的线下活动基本停摆，但"数字+"为"人文行走"解锁了新场景、新想象。

"上海市民终身学习人文行走"微信公众号发布全市各区人文资讯、人文知识、暑期特辑等60余篇人文行走动态，服务超万人次；围绕2021年发布的10条建党百年红色线路，推出8期"宅家人文行走"系列内容，超过2600人次上线接受VR全景沉浸式体验；网上声音导学专栏推出10期"'声'临其境"人文行走系列内容，超2500人次收听；"云行走"+"云课堂"联合虹口区社区学院教学团队，选取外白渡桥、上海大厦、中国证券博物馆三个学习点，开设12节线上云课堂，超万人次观看直播；"线上云游"知行合一，"人文行走"小程序通过云游线上"人文行走"学习点位的图文、语音、视频等资料，上半年新增用户超2300名，共有近万人次参与线上行走或答题活动。

或是将建筑摄影、美术及短视频制作融入教学，开发"三大模块

十二个单元"的特色课程资源；或是通过特聘专家、导师的声音，更深入地学习、了解建党历史上令人敬仰、感动的人物和事件；即使在最困难的情况下，"人文行走"工作组紧紧依靠坚强的团队和完善的数字化资源，依然坚持"云中漫步""心游万仞"，不辱使命。

2. "全民崇学喜迎二十大 申城行走续写新辉煌"五大新城主题活动

2022年9月30日，"人文行走"抓住国庆小长假时机，在南汇新城启动了"全民崇学喜迎二十大 申城行走续写新辉煌" 2022年上海市民终身学习人文修身主题活动。

在仪式上发布了嘉定的"魅力新城，远香湖会客厅"、青浦的"醉野江南，徜徉绿色青西"、松江的"科创松江，人文行走"、奉贤的"贤城新韵，'鱼'你有约"、南汇新城的"探秘星空之境"五条主题学习线路，涵盖27个人文修身学习点。

嘉定的"魅力新城，远香湖会客厅"线路以远香湖为原点，环绕保利大剧院、嘉定图书馆、"我嘉书房"等，汇聚自然景观与人文艺术，融合城市核心和文化中心，打造沉浸式的学习行走、多样化的体验线路，未来将不断地为市民提供更多更优质的活动空间和场所，点亮嘉定新城的地平线和天际线。

青浦的"醉野江南，徜徉绿色青西"线路包含了寻梦源、东方绿舟、青西郊野公园、莲湖村等4个人文行走学习点，底蕴深厚，形意结合。线路传承了青浦水乡文脉，植入了多元人文主题。市民行走其间，既可阅读具有水乡特色的自然生态与建筑风貌，又能体验丰富的农耕文化与民俗文化，更能充分感受青浦新城的多元魅力与文化风

"全民崇学喜迎二十大　申城行走续写新辉煌"
2022年上海市民终身学习人文修身主题活动暨"五大新城"线路发布仪式

韵。

"科创松江，人文行走"线路选取了松江新城中8家人工智能、工业物联网、新材料等领域的高精尖企业，让市民朋友可以在行走中了解从"松江制造"到"松江创造"的发展历程，感受高质量发展的"松江样本"所创造的科创"蝶变"、要素"聚变"、产业"裂变"，感悟在建设"科创、人文、生态"的现代化新城的过程中所弘扬的新时代松江精神。

奉贤的"贤城新韵，'鱼'你有约"行走路线围绕新城核心区域"上海之鱼"金海湖，选取年丰公园、江南书局新阅读空间、奉贤博物馆等学习点位，让市民在行走中感受奉贤新城特殊的生态禀赋与城市意象，感受历史厚重与时代美感的结合，打造独立无边界、遇见未见的城市之城。

　　南汇新城的"探秘星空之境"线路发挥临港新片区得天独厚的人文生态资源，集科技、航天、星空、美景于一体，包含了星光宝盒、星毯、极限星云、纸飞机等人文修身学习点，其中，星光宝盒寓意把"星光"收藏于建筑的"宝盒"之中，旨在打造一个充满趣味和个性的空间，充满童趣的纸飞机建筑更是呼应了星空主题和航天梦想，建成不久的星空之镜海绵公园则以生态宜居的优美环境，助力打造体现人民城市建设理念的现代城市新样板。

　　主题活动的开展，既紧扣社会热点，也发挥了示范作用。同时，有效利用现有的"人文行走"的线路及学习点资源，发挥了政府主导引领作用，成效卓著。

　　巧妙构思的"五大新城"人文行走主题学习路线，嵌入式地与上海城市建设及新城布局相结合，凭借城郊地区新城林立的多元魅力与地域乡土文化风韵，吸引了大批市民线上线下"行走"学习，以看新城、观新景、品新味、感党恩的学习感悟行动来迎接党的二十大的胜利召开。活动的开展有助于进一步推动全民学习之风吹遍申城，掀起

导学志愿者带领市民行走"探秘星空之境"主题学习线路

申城市民终身学习的新高潮，营造全民崇学的浓厚氛围，形成乐学向善的人文环境。

回望"人文行走"的五年足迹，行行复行行，为上海终身教育发展年轮留下"历史现场"与"行走学习"两行重要背书。

"人文行走"丰富了市民参与终身学习的途径，增强了市民对上海文化的认识，扩大了上海社区教育资源的供给。它以满足学习者多样化的学习需求为出发点，通过多种学习方式，使老百姓真正走近了城市的历史积淀，进而增加对城市生活的幸福感；它为众多人文地标和城市记忆赋予学习元素，通过确定学习主题和路线，激发了市民热爱上海、建设上海的家园情怀；它将大量历史建筑、场馆设施、工业遗存等社会资源整合起来，扩大了上海社区教育资源供给，满足了上海市民对优质终身教育的需求。

多年磨剑，独门一笈。"人文行走"以其组织整合、资源整合、服务整合的创新理念与探索实践，构建起层次丰富、主题鲜明的学习点、学习圈和主题链，建设起市—区—街镇—社区多层网络、线上线下同步铺展、行前行后全程指导的服务体系，打造终身教育市民行走学习的上海方案和上海品牌。

每一个行走在这一行列里的市民，都会把它看成一张丰富的"菜单"、一趟舒心的旅程、一桌知识的盛宴、一场心灵的对话、一次"诗与远方"的体验……让上海深厚的历史文化既保持精神内涵的庄重，又插上行走与感悟的"翅膀"，走进更多市民的内心深处。

第二章

CHAPTER 2

积厚成器:"人文行走"的时代感召与社会源流

- "人文行走"的时代感召
- "人文行走"的文化积淀
- "人文行走"的社会基础
- "人文行走"的综合支撑

"人文行走"工作五年来迈出稳健的步伐，取得令人瞩目的成绩。任何事物的进步，都是建立在原有的基础之上。基础越深厚牢固，进步就越扎实有力。今天，在观察和分析"人文行走"的足迹、实践和经验时，也需要厘清它的来龙去脉、前世今生，辨析其基础、经验和创新。犹如"站在巨人肩膀之上"的比喻，需要了解哪些是"巨人肩膀"，哪些是"站起来"的创新。

"人文行走"诞生于上海这片改革发展的热土，起步于党的十九大胜利召开的新时代，受益于时代的召唤、文化的需求、社会的呼唤和教育的创新。丰厚的基础给了它城市的温度和思想的营养，给了它丰富的遗产和广阔的空间。新时代党对文化建设的系列方针及国家战略、上海学习型城市建设和终身教育快速发展等举措，显示出伟大时代的高度；近现代上海城市蕴藏的丰富内涵与三大文化主题等资源，构成了城市文化的厚度；普通百姓记忆传播的热潮和日益高涨的学习需求，形成了民间社会的热度；源于教育视角的学习理念和遵循规律的教学实践，提供了教育专业的深度。四个方面，构成了"人文行走"工作快速发展的重要背景，也影响着它的发展方向和发展速度。

"人文行走"工作
快速发展的背景

一、"人文行走"的时代感召

党的十八大以来，中国特色社会主义进入新时代，党和国家的政策及与城市建设、教育发展和数字化建设等相关的文化要求纷纷推出，在建设社会主义伟大工程的事业中，坚定文化自信、弘扬社会主义核心价值观，推行学习型社会创建和终身教育的发展，成为重要的任务。而与上海市民学习相关的，则是直接来自三个方面的推动——新时代文化建设、学习型城市创建和终身教育推进。这犹如三股东风，滋润文化中国的大地，催发城市文明的新芽。

2020年"人文行走"摄影作品征集活动优秀作品

1. “文化建设”作为党和国家的战略布局

2012年11月，中国共产党第十八次全国代表大会召开。在党的十八大报告中，文化建设列于“五位一体”总体布局（注：全面推进经济建设、政治建设、文化建设、社会建设、生态文明建设）的统筹推进之中，参与形成中国特色社会主义事业的总布局。报告针对“扎实推进社会主义文化强国建设”，提出文化建设的四大任务——加强社会主义核心价值体系建设、全面提高公民道德素质、丰富人民精神文化生活、增强文化整体实力和竞争力，为全国的文化建设作出战略指引。报告还明确提出了要“树立高度的文化自觉和文化自信”“努力办好人民满意的教育”“完善终身教育体系，建设学习型社会”等任务要求。

按照十八大提出的总方针、总目标，国家及相关部门先后出台了一系列政策文件，具体细化了文化建设和教育发展的任务布置。

2016年3月，国家《国民经济和社会发展第十三个五年规划纲要》公布，就“加快学习型社会建设”作出安排。纲要提出“大力发展继续教育，构建惠及全民的终身教育培训体系”和“推动各类学习资源开放共享”的任务目标。

2017年1月，国务院印发《国家教育事业发展“十三五”规划》，对加快推进教育现代化作出部署。规划有个基本判断——“从教育领域看，当今世界教育正在发生革命性变化。确保包容、公平和有质量的教育，促进全民享有终身学习机会，成为世界教育发展新目标。教育与经济社会发展的结合更加紧密，以学习者为中心，注重能力培养，促进人的全面发展，全民学习、终身学习、个性化学习的理念日益深入人心”。因此，规划提出了国家教育事业发展的任务——“推进教育改革发展，实现更高质量、更加公平、更有效率、更可持续的发展"。而规划中主要目标的第一条就是——"全民终身学习机会进一步扩大。形成更加适应全民学习、终身学习的现代教育体系。学习型社会建设迈上新台阶"。

这份规划凝练地概括了终身教育的特点——"努力构建网络化、数字化、个性化、终身化的教育体系，形成人人皆学、处处能学、时时可学的学习环境"。

2017年5月，中共中央办公厅、国务院办公厅印发《国家"十三五"时期文化发展改革规划纲要》，从"文化是民族的血脉，是人民的精神家园，是国家强盛的重要支撑"的角度，提出"推进社会主义核心价值观学习实践具体化系统化""繁荣发展社会主义先进文化"的重大任务，并具体地提及"强化实践养成，注重典型示范，开展文化培育，精心设计开展多样化的人民群众喜闻乐见的活动"，"发扬红色传统、传承红色基因，用好革命历史类纪念设施、遗址和各类爱国主义教育示范基地等红色资源"。

梳理上述重要文件的时间脉络与任务要求，可见，党的十八大以来，从中央的顶层设计到国家机关各部门的长远规划、具体事项安排，从文化建设的战略地位，到社会主义核心价值观宣传、学习型社

"人文修身"学习点：中共一大会址

2018年黄浦区"人文行走"活动

会建设与终身教育推进，体现出整体布局、一脉相承的战略安排。

2. "学习型社会"作为上海城市发展的文化站位

要更显历史底蕴和文化内涵，这是时代对上海这座城市的要求。

建设学习型社会已经成为重要的发展战略决策。习近平总书记指出，学习是文明传承之途、人生成长之梯、政党巩固之基、国家兴盛之要。

2002年，党的十六大报告提出，到2020年，我国要"形成全民学习、终身学习的学习型社会"，这是官方文件首次提出建设学习型社会的战略目标。党的十九大报告再次提出，要加快建设学习型社会，大力提高国民素质。

上海对于建设学习型城市的探索可追溯到1999年。作为时代发展和社会进步的产物，建设学习型社会是上海城市未来发展的"刚需"。"努力把上海建成适应新时代的'学习型城市'"，时任上海市市长徐匡迪在1999年9月召开的迎接21世纪的上海教育工作会议上宣布了这一重要决定。

2012 年 5 月，上海市第十次党代会召开。大会报告提出了"加快建设国际文化大都市"的城市发展战略目标，认为"建设国际文化大都市是社会主义现代化国际大都市建设的重要组成部分"，并将任务具体分解为"强化社会主义核心价值体系教育引导""大力弘扬海纳百川、追求卓越、开明睿智、大气谦和的城市精神""大力倡导志愿服务，推进学习型社会建设"等方面，为全市的文化建设工作提供了基本遵循。

2016 年 1 月发布的《上海国民经济与社会发展"十三五"规划纲要（2016—2020)》，除了延续市党代会报告中的"深入践行社会主义核心价值观""弘扬海纳百川、追求卓越、开明睿智、大气谦和的城市精神"和"提高市民文明素养、城市文明程度和文化自信"理念，还新提出了"智慧城市建设"和"保护传承优秀历史文化""挖掘城市文化资源"等相关任务，其中特别指出的是，要"加强黄浦江沿线文化资源开发利用"，显示出与时俱进的思考和缜密长远的布局。

2016 年 11 月，《上海市"十三五"时期文化改革发展规划》发布。这份上海未来五年努力建设全国文化中心和基本建成国际文化大都市的行动纲领，描述的城市文化建设蓝图更具体、更清晰。

规划首次提出在全市"构建中华优秀传统文化传承体系"，具体提出加强物质文化遗产保护利用和非物质文化遗产保护传承，将历史文化遗产保护与城市更新结合，加大对文物保护单位、优秀历史建筑等保护力度，彰显海派特色，凸显中国共产党诞生地和中国革命圣地的城市形象。

因终身教育在构建中华优秀传统文化传承体系的过程中具有基础性作用，规划还提出"开展优秀传统文化普及"的具体任务，通过学校、街镇、社区、媒体等多渠道，全方位推动优秀传统文化进入市民生活。

　　同时，在传承与创新方面，规划提出了“两轴一廊”的建设目标。

　　所谓“两轴”，分别为东西向和南北向的城市文化发展轴。前者沿朱家角—虹桥商务区—静安寺—人民广场—外滩—陆家嘴—花木地区—上海国际旅游度假区—浦东空港地区，由西朝东，打造体现国际标志性和文化核心功能的城市文化发展主轴；后者沿宝山滨江地区—杨浦滨江地区—北外滩—外滩—陆家嘴—世博地区—徐汇滨江地区—闵行滨江地区，从北向南，打造体现城市历史文脉和世界级文博区的黄浦江文化发展轴。

　　所谓“一廊”，则指挖掘和开发苏州河沿岸都市文化景观长廊。相较“十二五”文化改革发展规划，此轮规划呼应全面启动黄浦江两岸公共空间开发，着力提升了黄浦江文化发展轴的重要地位。

2022年“人文行走”摄影作品征集活动优秀作品

　　"人文行走"工作中的杨浦滨江成为从"工业锈带"到"生活秀带"的"旧貌新颜"宜居生活典型学习线路，"人文行走"在此开展了70架钢琴喜迎国庆、五区联动行走江滨的主题活动。追溯来看，实则是起源于这两份纲要与规划。

　　创建学习型城市以来，用心营造的"人人皆学、处处能学、时时可学"的学习环境与浓郁氛围，为上海开展终身学习提供了丰富的学习资源和参与路径，有效回应了新时代市民对美好生活的向往，给国际社会留下了深刻印象，标志着上海学习型城市建设步入一个崭新的历史时期——卓越学习型城市2.0时代。正如联合国教科文组织终身学习研究所所长戴维·阿乔莱那在颁奖仪式上所说："上海在为市民提供终身学习机会方面取得了突出进展，在一个快速变化的世界中，让所有市民都有机会不断发展自己，并为解决当地和全球的挑战作出贡献。"

2020年"人文行走"摄影作品征集活动优秀作品

3."终身学习"作为上海教育发展的重要篇章

终身学习思潮在 20 世纪 70 年代初传入我国，1995 年颁布的《中华人民共和国教育法》以法律的形式首次提出"建立和完善终身教育体系"。1999 年国务院批转的教育部《面向 21 世纪教育振兴行动计划》提出"到 2010 年，基本建立起终身学习体系"，这是官方文件第一次使用"终身学习体系"的概念。

上海一向注重法制建设和学习机制创新。2011年出台的《上海市终身教育促进条例》填补了上海学习型城市建设中的法律空白，打破了既有规则对学习型城市发展的束缚，对学习型城市建设产生了深远影响。更为重要的是，条例对个人的基本学习权利进行保障，为市民的终身教育体系的完善提供完备的法律依据，更有力地促进上海"人人皆学、时时能学、处处可学"的学习型城市建设。由此，终身学习和学习型城市建设工作在上海具备了权威地位，进入了法制化建设轨道。

2015—2016年，上海终身教育迈入"合力共创、谋划未来"的新阶段。就"谋划未来"的主题而言，这一阶段标志性的事件是2016年上海出台了四份重要文件：《上海市教育改革和发展"十三五"规划》《上海终身教育"十三五"发展规划》《上海老年教育发展"十三五"规划》和《关于进一步推进本市学习型城市建设的若干意见》，为"十三五"上海终身教育发展绘制了"路线图"。

《上海市教育改革和发展"十三五"规划》提出发展目标："率先实现教育现代化，率先基本建成学习型社会，人力资源开发水平迈入世界先进行列，建成与社会主义现代化国际大都市相匹配的一流教育。"

在具体论述中，其对"构建网络化、数字化、个性化、终身化的学习服务体系，支撑'人人皆学、处处能学、时时可学'的学习型社会建设"两个任务的表述，被写入了"人文行走"的工作章程。

而七部门联合发布的《关于进一步推进本市学习型社会建设的若干意见》，则论述得更为详细。其中，最为重要的目标与任务有四条：

——到2020年，在全国率先建成全民学习、终身学习的学习型社会。

——建立设施完备、资源丰富、品质优异、泛在可及的市民终身学习服务体系。

——不断创新社会学习组织形态，大力培育各类市民学习团队。

——积极发展学习资源的远程智能供给系统，实现在线教育和学习支持服务全覆盖。

这四条目标任务，成为"人文行走"指导性文件的重要支柱和鲜明特色。

其他细则有推动市民终身学习体验基地内涵建设、促进教育资源向社区和市民开放、建立监测与评价制度、建立激励表彰制度等，为建成学习型社会联动助力。

回顾1999年至2016年从学习型城市创建到"人文行走"工作起步前的这一段时间里，国家维度、城市维度和教育维度的文件精神和具体要求，并梳理其中的脉络，可以清晰看到，相关的报告、纲要、规划，高屋建瓴，深思远虑，作为重要的国家战略、城市定位和教育任务，为"人文行走"工作的擘画蓝图、出台方案，提供了直接依据和基本遵循，成为其重大的时代背景。

2020年黄浦区学习周开幕式上，黄浦区
"人文行走"新线路启动

二、"人文行走"的文化积淀

一座城市的历史风貌，影响着城市文化的传承和精神塑造。

在中国：看三千年文化历史，去西安；看一千年文化历史，上北京；看近百年文化历史，到上海。

上海，是一座有故事的城市，特别是近现代的上海，形成了包容多国建筑特征和融合东西方文化元素的历史建筑和人文景观，红色文化、海派文化、江南文化等多元文化交融，形成了上海的城市文化和城市精神的底蕴。

2019年"人文行走"摄影作品征集活动优秀作品

"人文行走"
线路打造思路

"人文行走"工作的开展，得益于遍布上海各区的城市建筑风貌和历史人文景观，以及城市高速发展中形成的新的城市地标和文艺空间、文博场馆、人文景观等。这些为广大市民和国内外人士，提供了丰富的人文学习场景、历史文化遗存，以及多元的学习资源，这是开展"人文行走"学习活动的物理空间基础。孙中山、毛泽东、宋庆龄、陈独秀、陈云、陈毅等历史名人、革命先驱、国家领导人和各界知名人士在上海的活动轨迹与人物故事，进一步丰富了历史风云赋予上海的魅力；五四运动，中共一大、二大、四大，淞沪会战，解放上海，浦东开发，上海世博会等历史事件，彰显出上海红色文化魅力和当代多元文化融汇特色，为"人文行走"学习点、学习线和学习圈的打造，提供了故事脉络和特定主题。

2018年 "人文行走"摄影作品征集活动优秀作品

2019年"礼赞新时代 人文滨江行"人文修身主题活动

　　"人文行走"充分依靠上海的社会教育资源与学习资源，挖掘纪念馆、艺术馆、图书馆、博物馆、文化馆、体育馆、主题广场、红色主题场馆、历史建筑、名人故居等社会公益性文化机构、公共空间、开放场所作为"人文修身"学习点，实现高效又经济、全民可参与的人文教育活动。

2018年 "人文行走"活动

近年来，上海在保护传承优秀历史文化、挖掘城市文化资源的文化建设中，更加突出将历史文化保护与城市更新相结合，突出对城乡整体风貌和特色要素的保护。加大对历史文化风貌区、优秀历史建筑、近现代革命文化遗址、工业文化遗存、名人故居、重要历史遗迹等的保护力度，挖掘其历史、艺术和文化价值，启动实施一批国家级历史文化名镇名村和传统村落的保护和改造利用，增强城市文化归属感。

从2018年开始，"人文行走"工作就在筹划将学习点构成的行走路线进一步升级，打造"人文行走"学习链和学习圈，并将上海文化的三大源流——红色文化、海派文化和江南文化融入市民日常行走学习场景，推动"人文行走"进社区、进学校、进企业、进网络，不断提高"人文行走"的影响力和覆盖面，使之成为市民终身学习的新途径和新方式。

挖掘城市文化资源

保护传承优秀历史文化

进社区

进学校

进企业

进网络

推动"人文行走"
融入市民生活

"人文修身"学习点：上海试剂厂旧址

1. "红色文化"的记忆之心

　　上海是中国共产党的诞生地，是中国近代工业和中国工人阶级的发祥地，是一座有着光荣革命传统的城市，存有的大量的革命斗争历史遗迹，成为近现代中国波澜壮阔的革命历史的重要见证。

　　红色文化资源，是指在中国共产党领导下，在新民主主义革命时期、社会主义革命和建设时期、改革开放和社会主义现代化建设新时期、中国特色社会主义新时代所形成的具有历史价值、教育意义、纪念意义的重要旧址、遗址、纪念设施或者场所等，以及重要档案、文献、手稿、声像资料和实物等。

2021年"人文行走"摄影作品征集活动优秀作品

　　尤其是在全党开展"四史"学习教育活动以来，上海实施党的诞生地发掘宣传工程、红色文化传承弘扬工程和上海市革命文物保护利用工程，深入发掘建党精神和新时代红色资源，发挥红色资源凝心聚力、铸魂育人、推动发展的社会功能，打响上海红色文化品牌。

　　上海革命文物的发掘整理工作横跨全市15个区、文物反映的历史纵贯百余年，形成的上海第一批革命文物名录包括150处不可移动革命文物。一是党代会纪念地和中央机关驻在地。如一大、二大、四大纪念馆，中共中央政治局机关旧址（1928—1931年），中共中央特科机关旧址等。二是工人运动发祥地。如中国劳动组合书记部旧址、上海工人第三次武装起义时工人纠察队沪南总部遗址（三山会馆）等。三是宣传文化主阵地。如百代小楼（《义勇军进行曲》灌制地）、中国左翼作家联盟成立大会会址等。四是青年人才培养地。如中国社会主义青年团中央机关旧址、平民女校等。这些宝贵的革命文物充分体现了上海红色文化基因的特殊地位。

2020年"人文行走"活动——
历史的回响，城市的精神

这一红色资源的发掘整理工作还在持续开展，数据还在不断更新。2022年6月，上海第十二次党代会报告提到："深入实施党的诞生地发掘宣传工程，中国共产党第一次全国代表大会纪念馆建成开放，经认定的600多处红色遗迹遗址和纪念设施得到精心保护、作用充分发挥。"

而《上海市红色资源传承弘扬和保护利用条例》、"上海红色文化资源网"和《光荣之城：上海红色纪念地100》专著等则从法规条例、网络宣传和读物出版等方面形成彰显上海作为中国共产党诞生地的历史地位，弘扬红色文化，传承红色基因，不忘初心、牢记使命，培育和践行社会主义核心价值观的重要举措。

2. "海派文化"的融合之路

海派文化是中国近现代社会城市化、工业化、现代化转型过程中的产物。海派文化以近代上海开埠以后的城市发展为时代背景，在江南文化深厚积淀的基础上，积极吸收和融合各种新的文化滋养而形成。

近代上海五方杂处的社会格局，客观形成一个包容各种文化形态的社会场域。工业遗存、市政建筑、公园酒店、名人故居、文化场所、生活用品、日用器皿，书画文学、戏剧电影，乃至历史风貌区和永不拓宽马路等街景，以及包括品牌、区域、场所、建筑、非遗、作品等在内的符号系统，都时时体现着海派文化创新发展、包容共生、经世致用的精神内涵，从而形成东西、雅俗、古今等多元文化和谐共生的良好生态，进而凝聚为广大市民所认同的城市精神和城市品格。在多元文化共生的基础上融合成为近代意义上的海派文化。

海派文化是自下而上、在无自觉无领袖的状态下自然生发的，通过技术、器物、生活方式等层面自然而然的传播，逐渐进入上层建筑成为戏曲、绘画、文学等流派，乃至演变成一种文化现象和文化思潮，并固化和被"追认"为一种文化风格和类型，成为一种正向追求的现代性文化精神。

海派文化的资源俯拾皆是。生活在上海的市民，时时处处都被海派文化所包围，所熏陶。历史"起源"和现代"开端"紧密勾连，将历史文脉延续伸展至现代。城市空间被赋予人间烟火之气，诠释了这座伟大的人民城市因包容兼蓄之力而更有智慧，更有温度，永葆活力。

上海城市精神未来的传承和发展，需要依靠强大的自信和自强，需要依靠有秩序的创造和有创造力的秩序，而其倚靠之源，就是人文力量。"人文行走"作为市民修身的重要学习活动，在"行""学"过程中，让学习者见证一个人民城市的伟大变迁，同时也用行动诠释，上海终身教育体系所要做的，就是把最好的资源、最美的风景留给人民，培育梦想生花，让越来越多的人在上海这座海纳百川的城市拥有活出出彩人生的机会。上海作为全球学习型城市，以开放、创新、包容的气质和气度，让人们愿意在上海扎根，面向全国，走向世界。海派文化的呈现方式会随时代变迁而更新，但这座社会主义国际文化大都市的初心永存。

海派文化是上海特有的文化样态。它植根于中华文化，孕育于江南文化，形成于东西方文化的交融，在上海的城市发展中不断演进升华，并与红色文化、江南文化融合共进。新时代海派文化的内涵与特征可以诠释为：国际都市的开放性格、敢为人先的创新意识、经世致用的家国情怀、自律守信的契约精神、包容务实的处世之道。如今，海派文化已融入城市的肌理。上海文化强大的生命力，源于其在海纳百川的基础上，一直追求卓越，因而勇于变革、勇于创新，这也与其始终不渝地坚持面向实际、面向世界、面向未来密切相关。

2019年黄浦剧场"人文行走"活动

3. "江南文化"的活水之源

江南文化是上海文化的根源，是远方游子心之所向的诗情故乡。

江南，一方历史悠久、文脉深厚、艺绪丰逸之地。史前的崧泽（青浦）文化、广富林（松江）文化及以嘉兴为中心的马家浜文化、以余杭为中心的良渚文化等，共同构成了江南文化的远古系统。

从历史地理版图演变上讲，上海是江南的一部分。早在元朝，上海县就已经出现，当时，它只是松江府的一部分。1927年，上海县脱离江苏省，改为特别市。1958年，江苏东南部的川沙、南汇、奉贤、金山、松江、青浦、嘉定、宝山、崇明等10个县划入上海，上海市的管辖区面积增加了10倍，再加上20世纪40年代后期租界人口暴增，形成上海居民10人中就有7人来自江浙的人口比例。故而无论水陆交通、建筑民居，还是生活习俗、语言特色，乃至祖屋坟地、亲戚关系，上海与江浙都有着千丝万缕的联系，同属江南文化。

由于上述历史变迁，如今上海的城郊虽然都已撤县改区，但与城市中心人口集中、经济活动高速发展的状况相比，仍然留有小桥流水、青瓦白墙、鸡鸣狗吠、桃红柳绿的生态，各具特色的乡音与众多民俗非遗的品种，使得"乡愁"更加浓烈，城乡文化更具张力。在"乡村振兴"和"建设美丽乡村"的国家战略指引下，现在的城郊镇区与乡村，新居整齐、环境优美、民俗多彩、特产丰盛，吸引着众多城里人来参观现代果园、品尝农家餐饮，感受郊野乐趣，体验乡村风情。各方游客度假休闲，流连忘返。

感受江南文化的底蕴，不只要让人们看到江南生活诗情画意的一面，更要在"行""学"过程中，让人们感知传统江南文化中的奋斗、开拓精神，这与上海城市精神一脉相承，是上海城市品格的重要组成部分。

秀而雅只是江南文化的底色，与时俱进、不断进取才是江南文化的精神内核，这与上海一直追求卓越的城市精神相辅相成。民族工业的进步、中国社会的现代化转型，离不开江南文化潜移默化的影响。江南文化的重要特征，是担当、崇实、重商、重民、睿智、守信、精致、时尚、开放、灵活、创新、包容、与时俱进，与这个时代独特的韵律共谱和谐乐章。

江南文化是面向未来、指向波澜壮阔的实践状态，是上海蓬勃向上、知难而进的精神支柱。

2018年"追寻历史根源 探索人文松江"人文行走活动

上海将江南文化归纳到城市文化之中，一是不忘其是海派文化、红色文化的历史源头，二是增添了城市文化地域风俗的丰富性，三是与积极推进长三角区域一体化发展的国家战略相呼应。

如2021年，长三角地区联手开办"江南文化讲堂"，围绕锦绣江南与红色文化、大运河与江南文化、咖啡文化与上海印象、江南曲艺、江南民俗、江南方言、江南水乡、江南电影、海派旗袍等选题举办10期活动，积极传播江南文化的创新理念，获得媒体和公众的广泛关注。

"人文行走"就是把这种已经融入百姓日常的思维方式、生活方式、交流方式，通过情景化的学习挖掘出来，在新时代的背景下，赋予江南文化新的内涵，在助推江南文化转型的同时，也擦亮了上海终身教育、人文教育的金字招牌。

在上海社会科学院研究员熊月之看来，上海的红色文化、海派文化与江南文化，是同一文化不同层次、不同指向的表述，既有累积的关系，也有演进的关系。形象地说，江南文化是高地，海派文化是高原，红色文化是高峰；"开放、创新、包容"的城市品格，就是这座气势磅礴的大上海的精气神。

三大文化是传统，更是资源，成为上海打造城市文化的品牌标识。上海市第十二次党代会报告提出，要着力发挥三种作用——红色文化的立心铸魂基石作用，海派文化的开放包容窗口作用和江南文化的传承创新示范作用。

2021年"人文行走"摄影作品征集活动优秀作品

三、"人文行走"的社会基础

进入21世纪以来，城市文化的发展更与社会文化思潮相互激荡。

上海对于城市文化的重视和探索，一直是政府、学界和市民共同努力的方向。尤其是在历史建筑遗产的保护与开发、城市文化的学术研究与发表和市民积极参与"文化寻根"的热潮等方面，历年来践行不辍，形成热点，蔚为大观。

1. 遗产传承，旧貌新颜

聚焦新时代上海文化创新性发展新使命、新目标和新要求，关注城市文化遗产的历史特点与创新特色，不断开发对其的保护与再利用，从而发掘出文化遗产的历史、内涵和时代价值，一直是上海城市文化建设的一个重要抓手。建筑可以阅读，街区适合漫步，城市始终有温度，是上海打造人文之城的愿景。

近年来，上海高度重视城市文化、工业遗存等的发掘保护、活化利用工作，开展了一系列保护活化工程，并大力推进对外开放。其中，在上海工业遗产的保护再利用、上海红色文化遗产保护的协同发展、上海石库门建筑的保护再利用，以及从历史街区到网红城市空间的融合开发和文创产业驱动下上海古镇的转型升级发展等方面，“旧貌新颜”，成果显著。

以下仅以市文化和旅游局的“建筑可阅读”项目为例。

在上海这片6340.5平方公里的土地上，一场历经百年的“万国建筑博览会”从未落幕。集各家大成的外滩建筑群、秀外慧中的豫园、中西融合的新天地、年近百岁的武康大楼、拔地而起的陆家嘴“四件套”，处处都印证着“时尚之都、魅力上海”，构成了一道绚丽多彩的文旅风景线。

“建筑可阅读”是近年来上海城市文化旅游领域最为令人瞩目的建设成果之一，是上海这座城市的大“IP”，已经成为上海旅游的千万级流量入口，是赋能城市软实力的重要支撑。

上海在历史建筑保护方面一直走在前列，“建筑可阅读”项目正式推出前，上海已经划定了44片历史风貌保护区，并承诺有64条马路将“永不拓宽”。

2018年以来，市文化和旅游局发掘全市各类建筑资源，创新打造"建筑可阅读"项目，迄今已由点到面、由浅入深，完成了若干次迭代升级，从"扫码阅读"的1.0版，到"建筑开放"的2.0版，再到"数字转型"的3.0版，实现了更多建筑的可看、可听、可玩。

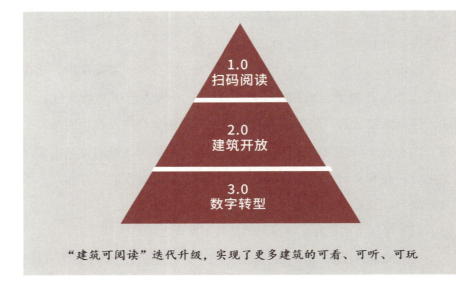

"建筑可阅读"迭代升级，实现了更多建筑的可看、可听、可玩

全市各类当代地标建筑、优秀历史建筑、文物建筑，都在主入口设置二维码，在二维码链接内容中增设英文介绍、VR体验等服务功能。市民游客只要拿出手机"扫一扫"，建筑的年代、风格等都能一目了然。"建筑可阅读"升级到"建筑开放"的2.0版后，更多上海历史建筑在条件允许的情况下，向公众张开怀抱，可阅读覆盖范围从最早的中心城区6个区扩展到全市16个区，"建筑可阅读"开放建筑数量从近百处增至1056处，二维码数量从400余处上升至2957处；主题旅游线路、文创产品如雨后春笋般涌现，承载着历史文化的历史建筑，逾沙轶漠地走入人们的现代生活。

2021年，上海"建筑可阅读"升级到以数字转型为特征的3.0版后，陆续推出百余条特色建筑游线路、"建筑可阅读"主题观光巴士、"全民评、全民讲、全民拍、全民游、全民创"系列活动、精美文创产品等，掀起全城打卡建筑、走进建筑、解读城市的热潮。通过"建筑可阅读"全新转型升级，上海着力在体验数字化和服务体系化上取得新成果，着力在市民满意度、社会参与度、跨界融合度上实现新突破。

2021年"建筑可阅读""人文行走"活动

"'建筑可阅读'，不仅是阅读一栋一栋的建筑，更是阅读我们的城市、我们城市的文化以及城市当中的人。"中国科学院院士、同济大学教授郑时龄如是说。

对于城市文脉的保护，最好的方式是在传承中创新。在"建筑可阅读"工作中，主办方挑选了部分经典历史建筑，因地制宜开展"一楼一套餐"的试点，即每处历史建筑配有一张邮票、一套明信片、一本书、一部纪录片、一支讲解和研究队伍等，并量身定制"阅读"载体，包括音频视频制作和周边业态的提升，助力全方位、多角度、深层次阅读经典历史建筑。通过这些方法，上海历史建筑这些特殊的"城市发展见证人"变得让人们走得进去、读得到故事，更体悟得到文脉与精神，由此营造出一个个超越物理空间的新场域，放大了上海城市文化的独特神韵。

建筑是凝固的交响乐，是城市历史文化活的载体。正如文化和旅游部相关介绍语，"建筑可阅读"深入挖掘建筑蕴含的历史价值、人文精神、城市力量，深入推动文化和旅游深度融合发展，激活中华优秀传统文化的生命力，让人们记得住历史、记得住乡愁，是推动中华优秀传统文化创造性转化、创新性发展的有益尝试，也是讲好中国故事，传递中国声音，展示丰富多彩、生动立体的中国形象的有益创举。

市文化和旅游局局长方世忠说："我们希望通过'建筑可阅读'，全力打响上海文化品牌，讲好精彩的上海故事。我们也以'阅读建筑'为抓手，丰富城市文化旅游供给，让市民游客以近距离、慢生活、微旅行的方式，体验美好生活。"

2018年"人文行走"摄影作品征集活动优秀作品

2. 学术积累，文教气韵

上海，既是传统江南文化传承创新的关键枢纽，也是现代世界优秀文化汇聚转化的前沿阵地，更是中国共产党锻造初心的红色文化策源地。全面提升"海派文化"的品牌标识度，提升上海文化的全球影响，是全面推进文化大都市建设、推动上海文化大繁荣大发展的重要议题。

上海高校林立、各类科研机构众多，在推动上海文化的创新性发展方面，高校和科研机构拥有学术资源、学科优势和教育教学背景，能够提供丰富的人才支持、智力服务和知识支撑。

近年来，出现了不少与三大文化相关的研究机构、著名专家和丰硕成果。

2018年杨浦区"人文行走"活动——
跟着部长行走复旦

①成立研究机构, 深耕城市文化

上海师范大学设有教育部人文社科重点基地——上海师范大学都市文化研究中心, 在都市文化研究领域, 围绕江南文化、海派文化和红色文化开展了一系列研究, 已经取得了较为丰硕的成果。苏智良教授任该中心主任。上海师范大学校长袁雯表示, 学校正在筹建上海师范大学新时代海派文化研究中心, 目标是打造本市拥有大型数据库、学术刊物、高端峰会、论坛讲坛、高端智库、信息发布功能的城市文化研究品牌, 为"提升文化建设品位, 塑造上海城市软实力的精神内核"贡献高校应有的力量。

上海交通大学海派文化研究所成立于2003年11月, 目的是整合各个学科、各种资源, 推陈出新, 合力繁荣海派文化。其主要研究方向和领域有: 上海历史、上海建筑、上海风情、上海艺术、上海戏曲、上海民俗。熊月之教授任所长, 戴敦邦教授任艺术总监, 詹仁左教授任常务副所长。其与上海交通大学跨文化研究中心合作编辑出版学刊《海派文化与传播》(谢柏梁、詹仁左主编)。

2018年海派文化"人文行走"活动

上海大学海派文化博物馆设在其校博物馆内。上海大学博物馆由海派文化博物馆、上海方言文化展示体验馆（展）、上海大学校史馆（展）、钱伟长纪念馆（展）、上海大学（1922—1927）校史室外展区溯园等"四馆一园"构成，总建筑面积8000平方米，其中展示面积5500平方米（包括室外展区1800平方米）。值得一提的是，它是目前国内唯一专题展示和研究海派文化的博物馆，设有多个海派文化专题陈列，较为全方面地展示了海派文化"海纳百川，兼容并蓄"的文化特点。出版学刊（学术会议论文集）《海派文化研究文集》。

2019年5月27日是上海解放70周年的纪念日。当日，上海红色文化研究院在中共上海市委宣传部揭牌成立。上海红色文化研究院由中共上海市黄浦区委、中共上海市委党史研究室、中共上海教育卫生工作党委、上海大学共同发起成立，是全国首家由地方党委、党史研究部门、教育主管部门、高等院校四方携手联创的红色文化研究平台。其功能是融红色文化学术研究、思政实践、宣教陈列、文物征集、文创研发于一体。

2021年"人文行走"摄影作品征集活动优秀作品

②形成专家队伍，学术成果纷呈

熊月之主编《上海通史》

熊月之曾任上海社会科学院副院长、历史研究所所长、所学术委员会主任、研究员，复旦大学暨华东师范大学历史学博士生导师、上海市政协委员、市历史学会会长、中国史学会副会长。其代表作品有《上海通史》（主编）、《上海人解析》、《西学东渐与晚清社会》、《西风东渐与近代社会》等。他还主编了诸多大型文化研究工程，如《海外上海学》（上海古籍出版社，2004年）、《上海历史文脉与城市雕塑》（上海市人民政府发展研究中心，2004年10月）、《圣约翰大学史》（上海人民出版社，2007年）和《上海——一座现代化都市的编年史》（上海书店出版社，2007年）等，主持了重点文化工程"异质文化交织下的都市文化——近代上海社会生活研究"（国家课题）、"上海社会生活史研究"（市中长期课题）、"上海大辞典"（市重点课题）和"上海城市精神"（市系列课题）等项目。

上海为什么会成为光明的摇篮，为什么会成为中国共产党、中国社会主义青年团酝酿的基地？

熊月之认为，要回答这些问题，必然要涉及上海城市文化，涉及上海城市精神或城市品格。开放是上海城市的最大优势，也是近代上海最重要特点。

在上海文化的高地、高原、高峰上，中国共产党百年来走过的光辉历程、创造的历史伟业、铸就的伟大精神，得到了充分体现、生动演绎、精彩阐释，造就了英才汇聚、生动活泼的局面。可以说，这是近代上海发展进步的主旋律。

上海红色文化的开放性，则具体表现为对全国各地文化及知识分子产生的巨大、积极影响。有统计显示，近代中国70%的新书在上海出版。熊月之认为："从阅读史角度来研究上海对于红色文化的影响，可拓展的空间很大。"

苏智良主编《初心之地——上海红色革命纪念地全纪录》

苏智良，上海师范大学教授，教育部人文社科重点基地上海师范大学都市文化研究中心主任，兼任中国城市史研究会副会长、中国现代人物研究委员会主任、中国"慰安妇"问题研究中心主任。

在苏智良教授的办公室里，有几块醒目的电子地图展板。每一个红点，都是他和团队成员用脚走出的红色遗址。

2020年5月，由苏智良教授主编的《初心之地——上海红色革命纪念地全纪录》在上海人民出版社、学林出版社出版。该书紧扣上海红色文化历史脉络，理性、直观、广博地呈现上海红色历史的立体图景，全面地反映中国共产党领导的革命活动对上海城市社会各个方面的影响，为上海党史和城市史研究提供了完整、详实、可靠的第一手成果。

"上海是中国革命空间最多的城市。"苏智良教授说，"历史的呈现不仅仅是时间轴，而是要以时空为坐标，上海城市中的这抹红色，是近代上海发展史中浓墨重彩的一笔。"

在上海这座红色革命起源地，处处有革命者当年活动的印记。10年间，苏智良带领"上海红色历史纪念地遗址发掘项目"团队，对上海的"红色源头"进行了深入的学术研究与广泛的实地调查，形成完整丰富的上海红色文化基因图谱——列出上海红色革命纪念地1000处，配有各类历史老照片、实物图、场景图、示意图等1000余幅，以图文并茂的形式记录和展示了上海的红色革命纪念地。时间范围从1916年《新青年》杂志诞生、新文化运动发轫，到1949年中华人民共和国成立，空间范围则为今日上海市全境。

他希望，无论是上海市民，还是来上海旅行的游客，如果能通过到访这些旧址或遗址，将国家记忆、社会记忆转换为个人感受，那么，这将是对上海城市精神和人文底蕴最有价值的传播。

忻平研究"现代化进程中的上海人及其社会生活"

上海市中共党史学会会长，上海大学原党委副书记、历史学教授忻平，长期从事上海文化历史的研究，著有《从上海发现历史：现代化进程中的上海人及其社会生活（1927—1937）》《上海城市建设与工业布局研究（1949—2019）》《1937：深重的灾难与历史的转折》《历史记忆与近代城市社会生活》《城市化与近代上海社会生活》《转型期中国民间的文化生态研究》《危机与应对：1929—1933年上海市民社会生活研究》《上海城市发展与市民精神》等多部专著。还参与主编"转型期中国（上海）文化生态研究"丛书、《海派文化研究文集》等。

李天纲撰写《文化上海》《人文上海》

复旦大学宗教学系主任、教授，博士生导师李天纲，任中国宗教学会理事、上海宗教学会副会长，多年来在中国宗教史、中国基督教史和中西文化交流史领域深耕。先后撰写出版了《金泽：江南民间祭祀探源》（2017）、《文化上海》（1998）、《人文上海》（2004）、《南京路：东方全球主义的诞生》（2009）、《大清帝国城市印象》（2002）、《马相伯与近代中国思想》（英文）等有关专著，并主编了《徐光启全集》《马相伯卷》等上海历史文化人物研究专著。

陈思和领军巴金研究

陈思和曾任复旦大学中文系主任、复旦大学图书馆馆长，《上海文学》主编、第七届上海作家协会副主席等职。他的《结束与开端：巴金研究的跨世纪意义》等研究成果，在中国现代文学作家研究领域奠定了重要的基础，并在编写中国二十世纪文学史、开展"民间和现代都市文化""现代都市通俗小说与民间立场""知识分子进入都市民间的一种方式"研究等方面，独树一帜。

陈子善主编出版《海派》丛刊

华东师范大学原图书馆馆长、现代文学史学研究专家陈子善教授，联手上海图书馆张伟研究馆员，主编出版《海派》丛刊。其以研究、传承、弘扬海派文化为宗旨，以更加综合的视角对近现代文化（文史）进行独特解读。内容既有对早期发生在上海的往事掌故的展现、早期珍贵报刊拾遗、对影像的深度解读、名家的口述访谈，也有部分近代史料的最新披露、对当代文化的思考等。内容原则上以名家撰写为主。主编致力于强化学术传承，努力将《海派》丛刊打造为"海派"文化的交流汇聚平台，成为都市文化风向标。

陈思和、陈子善主持启动"海派文学大系（1872—1949）"

上海作为一个开埠早、兼有海洋性文化特征的特大型城市，在西风东渐的历史条件下，成为我国近代以来最著名的文化大埠。以海纳百川为主要特征的城市文化也参与并影响着中国现代文学的创建，上海由此成为中国现代文学的重镇。

2022年1月，"海派文学大系（1872—1949）"项目正式启动。它是"十四五"时期国家重点图书出版专项规划项目之一，由复旦大学文科资深教授陈思和、华东师范大学教授陈子善主持，并聘请上海图书馆研究馆员张伟，复旦大学中文系教授郜元宝、段怀清、栾梅健组成编委班子。全书规模预计为50卷，约2500万字，是海派文学乃至整个中国现代文学研究中填补空白的基础性项目，将由复旦大学出版社出版。这是第一套有关"海派文学"的大型丛书，既包含历史文献作品，也包含当代学界的海派文学的研究成果。

"海派文学大系（1872—1949）"计划由文学理论卷、通俗小说卷、新文学小说卷、近代散文卷、现代散文卷、旧体诗卷、新诗卷、翻译卷、史料卷等组成。20世纪30年代发端于上海的左翼文学的翻译与出版亦成为海派文学的一个重要特点。

3. 学习热潮，新旧碰撞

在上海，城市文化的厚重和繁复与市民中始终蕴藏的学习热情紧紧相连。

新时代的上海，随着经济发展和人民生活水平的提高，民众的文化需求与日俱增，热点不断涌现。其中，与终身学习相关并形成民间社会基础的三股热潮为：盛世修志、守住乡愁的"怀旧热"，媒体宣传、文化研究的"出版热"和阅读城市、网红时尚的"打卡热"。这些终身学习、自我提升的学习热，遍布老中青各个年龄层。

形成民间社会基础的三股热潮

①盛世修志、守住乡愁的"怀旧热"

中国历来就有盛世修志、赓续家风，不忘过去、昭示后人的优秀文化传统，有收藏物品、发掘涵义，不忘来路、守住乡愁的文化追求。历史记忆从广义上的动荡岁月、社会变革的历史遗存，延伸到万千家庭巨细靡遗的生活变化，以及个人经历的跌宕起伏。

在本世纪的前20年里，现代化的激荡变革使得这股怀旧热如潮涌至。实在是人们在快速变化的生活状态及崭新场景面前，渴望留住一种能与历史同框、与祖先对话，寄托"睹物见人""睹物见史"的情感方式。

个人回忆录盛行

人们希望通过回忆与记录，写下个人、家族的变化，记载街市的更替，感悟社会的前行。

颇具样本意义的"老三届""新三届"逐渐进入退休行列。

推动个人回忆录盛行的两大因素

这直接源自与现代中国紧密相连的两个社会因素。

一是改革开放40年来，人民生活发生了翻天覆地的变化。在上海，几乎每个家庭的生活都得到不同程度的改善。随着大规模城市改造、旧房拆迁和生活条件改善，大批人们原本熟视无睹的生活场景、古旧建筑和个人物品渐渐湮灭，许多人希望通过回忆与记录，写下个人、家族的变化，记载街市的更替，感悟社会的前行。因此，撰写个人回忆录蔚然成风。像上海老年大学等教育机构，顺应学员的需求，专门开设了"回忆录写作辅导班"，帮助老年人整理思绪、记录经历、感悟生活、守住乡愁、致敬时代。不少家族翻修族志、续写家谱，温习家训、弘扬家风。

二是"老三届""新三届"逐渐进入退休行列。如今，不光是共和国同龄人，更稍后的"50后""60后"也纷纷到龄退休。这类人群，他们所生活的六七十年间，正是中国社会政治经济发展和人民生活水平发生翻天覆地变化的时期。他们的大半生经历犹如一本热销书的书名——"从苦难到辉煌"，一代人经受了过去几代人才有的生活遭遇，人生况味尽在其中。仅以颇具样本意义的"50后"一代为例。他们生在新中国经济恢复时期，学在"文革"时期，工作在改革开放时期；又先后经历了恢复高考、国企改革、职工下岗、市场经济、下海创业、证券上市、拆迁房改等不同历史阶段，如今，他们中的大多数进入了衣食安稳、有钱有闲、生活幸福的晚景。抚今思昔，不胜感慨。因此，不论是新中国成立70周年、建党100周年，还是个人60、70

2020年"人文行走"摄影作品征集活动优秀作品

大寿，乃至中学毕业50周年、参加高考40周年、结婚成家30周年等纪念日，每逢这样的历史节点，他们总会涌起"忆苦思甜"的家国情怀。

对于过去的峥嵘岁月、生活场景和曾经用过的日常物品等，他们都有着异于常人的兴趣与热情，在"怀旧"中寄托着对于逝去的个人青春、家族亲人的深深眷恋，乃至对于时代变迁与人生起伏的深深思考。许多人孜孜不倦地搜集、考证那些与个人身世相关的事与物，以回忆录、个人史的方式，留下对旧日生活的回顾与对人生意义的评述。

2022年"人文行走"摄影作品征集活动优秀作品

民间收藏长热

2018年，为展示上海改革开放40年来的光辉历程、伟大成就和宝贵经验，上海市委宣传部等组织了"勇立潮头——上海市庆祝改革开放40周年"大型主题展。其中，名为"那些年"的情景再现展，展出了代表着不同年代普通市民家庭布置的逼真场景——集实体置景、收藏家实物展示、墙面历史资料投影、环境声效、真人表演于一体。场景外挤满了参观人群。老年人感怀昔日生活，青年人感受上一代的不易。这里成为整个展览最有人气的"打卡"地，引来各家媒体争相报道。

"人文修身"学习点：三山会馆

三山会馆是1927年党领导下的上海工人第三次武装起义的南市指挥部旧址，常年陈列着上海工人三次武装起义史料展。在喜迎建党百年前夕，三山会馆与上海市收藏协会共同举办"阿拉屋里向的印记"上海市民红色收藏展，展出协会会员的收藏精品——百年来上海人家庭生活的各种物品。从家具门窗、锅碗瓢盆、茶缸痰盂到钱币票证、文具奖状等，分门别类，琳琅满目。这些曾经都是"阿拉屋里向"的老物件，都是寻常百姓的所见所用，多年不见，格外亲切。一物一景，让老人感叹，让孩子好奇。怀旧情怀，弥足珍贵，再一次引爆了民间的收藏热，还吸引了更多关注旧物、研究历史、发掘文化的探寻眼光。

上海收藏协会1986年起步时才几十人，在三十多年间逐渐壮大，现在共有7000多名会员，下设集报、交通票证、钟表、中医秘方、旅游文化、扑克牌、股票、连环画、大铜章、彩票、玉器、陶瓷、书画13个分会，另有可口可乐、女红、《红楼梦》等多个专题收藏沙龙，成为新中国成立最早、规模最大、实力最强的民间收藏组织，几次易名迁址，至今坚持活动，在中国收藏界里独占半壁江山，影响遍及各地。这背后，是上海数以万计民间收藏爱好者的支持和参与。他们收藏物品、研究历史，记录生活、守住乡愁。至今，上海还有多处独具特色的个人收藏馆和交易市场。

"上海工人三次武装起义史料展"展厅

②媒体宣传、个人史的"出版热"

民间流传的回忆录和收藏热迅速蔓延到报刊媒体宣传和出版中来，对大众的"人文阅读"起着推波助澜、扩大影响的作用。

"出版热"辐射范围

报刊宣传——回忆录记载个人经历，反映时代变迁，有人写，更有人看。顺应着这股久盛不衰的怀旧热，上海各报的副刊常常刊登此类作品。相较而言，如果说《解放日报》的"朝花"、《文汇报》的"笔会"等还更多采用作家名人文章的话，那么《新民晚报》的"夜光杯"和《上海老年报》的"往事"等在作品采用上更倾向于普通市民，彻底打开了一个读者空间，故而对其的关注久盛不衰。

网络宣传——自媒体时代，上海还出现了众多个人或团体的微博与微信号，内容、文风各有特点。有的关注旅游攻略，有的擅长史料考证，有的专写特殊年代，有的抒发家国情怀。

如，以到达退休年龄和曾有知青经历为特点的"老三届""新三届""老知青家园""农场知青网"，以转载个人回忆录为主的"私人史"，以上海历史文化掌故和市民生活经验为特点的"上海老底子"和以实地走访上海历史遗址、发掘其"前世今生"为特点的"老周看野眼"等自媒体都受到欢迎。这些自媒体，从发表、交流和信息保存等角度，进一步促进了怀旧热和回忆录热的兴旺，也为"人文行走"起到加薪添柴、烘托气氛的作用。

出版专集——"盛世修志"的最终成果体现在成果出版上。回忆录与个人史，也一直是出版界重要的选题。

大量的个人回忆录问世，推动了人们对个人史的阅读和对作者所述时代生活的个体化认识。如曾任上海市高等教育局副局长、上海大学校长、上海师范大学校长的当代教育名家杨德广的《杨德广八十自述自选》，著名学者陈思和的《1966－1970：暗淡岁月》，记者刘翔的《时光——一个人的杨树浦叙事》等，纷纷记录了个人在上海不同年代不同区域的生活与经历、成长与情感，以及当时市民生活柴米油盐间充满烟火气的历史片段。一段段业已消失的历史场景，定格在忠实记录的字里行间，为读者留下时代变迁中的吉光片羽，成就"光阴的故事"。

2020年"人文行走"活动

　　真正的"修志"，还属一些机关、学校、企业、机构有组织的编写行动。如，上海交通大学在百年校庆之际，精心编撰出版《上海交通大学校史》，上海航天设备制造总厂有限公司专为百年发展历程编写了《追梦——奋进中的航天总厂》，周家渡街道办事处组织编写的《周家渡——中国一个渡口50年的那些人、那些事》记录了周家渡社区对全国精神文明建设的重要历史贡献，而青浦区委党史研究室和青浦区地方志办公室联合主持编纂的《朱家角镇拾遗》则是作为青西三镇历史文化系列丛书之一出版，其功能是"补志书编纂之所遗"，以"存史、资政、育人"，助推长三角江南文化示范区创建和长三角文化和旅游一体化发展。

　　还有一类是学者研究的专著与论文集。如，《上海建筑遗产保护再利用研究》意在为上海建筑遗产的可持续发展探寻独具匠心的保护路径，上海博物馆《江南之美——江南生活中的艺术与文化论文集》从不同专业角度，深入专题研究，揭示出三大文化在上海具体事项上的发展与流变，寻找文化创造发展的契机。另有一类作者善于从大街小巷的行走观察中发现历史、描摹历史留给街道的别致风韵，如《永不拓宽的上海马路》《愚园路》等，带动了读者对于身边所处街道、大楼等环境的现实关注与文化感悟。

　　对普通人来说，这种回忆录的出版，又分成两种情况：

　　一种是大量自行编印的书报刊，并非正规出版物，而是用于会员、同学或亲友间的交流。民间社团、协会的会刊编写或老年大学的写作教学成果汇编等起到了一定的组织作用，而更多的是大量个人制作的回忆录。虽然水平不一定很高，但民间基础很广，起着相互影响、相互激励的共振作用。

另一种则是正规书刊的出版。虽因质量把关而进入者少，但其能公开出版、进入图书馆的搜索目录，也是一种可以赠送亲友、传至后代的个人历史记载。故而即使自费出版，也依旧大有人在。

一滴水可以折射大海的影子。无数的个人情感可以汇成浩大的家国情怀。著名学者葛兆光先生曾点评过个人史的价值和意义：日常的记载，在过去以政治史为中心的历史叙述里面往往被忽略，然而，社会变迁中的当事人感受、个人的经历与体验，"没有理由被排除在历史体验之外，恰恰它呈现了那个时代的一般状况，也构成了我们重新书写社会史和观念史的基础"。

③阅读城市、网红时尚的"打卡热"

中共一大纪念馆、思南路周公馆、新天地、杨浦滨江秀带、虹口山阴路鲁迅旧居、武康路武康大厦、巴金旧居、南京路外滩和青浦朱家角镇、川沙内史第等，都成为上海不同时期建筑文化典型、人文历史丰厚的三大文化代表，成为年轻一代阅读历史、感受不同时期时尚的网红打卡地。

在上海，"时尚"成为"魔都"文化的元素，由来已久，随处可见。一本研究张爱玲的书，可以招徕常德公寓络绎不绝的参观者；一部"绝代风华"的电影，可以作兴复古花旗袍；建党百年打造党的诞生地工程，催生了一条串联起党的一大、二大和四大纪念馆的"红色印记"交通专线；甚至一阵萧瑟秋风，都可以营造64条小路"梧桐落叶不曾扫"的美景，引来观赏者无数。更不论衡复路段的异国风情、思南路上"周公馆"与"思南书局"的新旧交融、五角场"大上海计划"建筑群的民国范儿……而一些纸媒、新媒、自媒常常推出

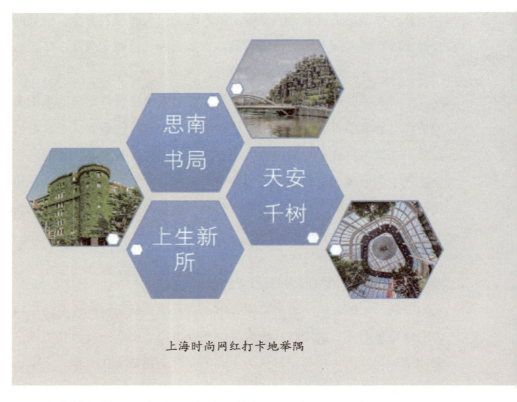

上海时尚网红打卡地举隅

对"十大排行榜""新潮打卡地"等的图文介绍，更为网红文化造势。

民间怀旧热、专著出版热、网红打卡热等热潮，推动了社会性的"人文阅读"，代表了民间蕴藏着的学习历史、阅读城市、珍视当下、感怀时代的蓬勃热情和急迫需求，为大力推进城市文化建设、开辟"人文行走"形成了重要的文化基础、坚实的物质基础和广泛的群众基础。

对于上海"人文行走"工作来说，党和国家新时代文化建设的战略、上海学习型城市的创建，以及终身教育快速发展的需求，这三股东风构成了它在国家意志、政策导向上的"天时"；红色文化、海派文化和江南文化的三大主题及其广泛的遗存、场景，构成了它在文化积淀、历史厚度上的"地利"；而保护遗产、传承利用，协同发展、专题研究和终身学习、自我提升等三股热潮，则构成了它与机构、学者和市民群体在文化关注中互相呼应的"人和"。如此"天时""地利"与"人和"的汇聚与交互激荡，犹如滚滚的浦江春潮，等待着、呼唤着、期盼着"人文行走"这一朵晶莹浪花，能在整合上述重要元素的基础上，闪亮腾跃，推动"人文行走"由自发兴趣走向组织整合、由个体感悟走向集体互动、由行走观赏走向学史修身，并在这样的创新中，展现出公共文化产品与城市温度风向标的鲜明定位，为上海的城市文化建设添上璀璨绚烂的一页。

因此，可以说，"人文行走"工作从其创新策划时起，便有很新的起点、很厚的基础、很宽的视野、很高的追求。

四、"人文行走"的综合支撑

"人文行走"，作为一种"行"与"学"交汇相融的学习方式，有过众多的实践案例和

天 时
· 终身教育快速发展的需求
· 上海学习型城市的创建
· 党和国家新时代文化建设的战略

地 利
· 江南文化
· 海派文化
· 红色文化

人 和
· 终身学习、自我提升
· 协同发展、专题研究
· 保护遗产、传承利用

相关研究。近年来，无论是国内外的实践与研究，还是上海终身教育的实践与研究，都在教育实践与教育理论研究等层面上有不同程度的推进，为上海"人文行走"工作的设计与推出，提供了借鉴。

事实上，"人文行走"工作一直以宽阔的胸襟和广大的视野观察相关领域动向，向国内外先进经验学习，博采众长，最终落实到基于上海本土文化资源特点的原创之中。

1. 国内经验支撑

案例

江苏以合作模式联合开展终身教育活动的实践

江苏的终身教育实践中，通过合作模式来推动终身学习项目的具体形式有三种，分别为：校企合作模式(学校—企业)、区校联动模式(社区—学校)和两"社"共创模式(社区—社会机构)。

其中的两"社"共创模式，是指社区实体通过整合资源开展社区教育活动，充分发挥社区与社会机构的衔接作用，开展形式多样的教育培训和学习型组织创建活动，以文化广场、纪念馆等社会机构为纽带，以文化社团为中介，丰富学习者的社区教育活动。

校企合作模式

区校联动模式

两"社"共创模式

江苏的终身教育实践中学习项目的具体形式

案例

厦门大学"行走的课堂"的研学方式

厦门大学管理学院旅游与酒店管理系自2012年以来坚持推行研学教育，把"行走的课堂"作为践行"知行合一"的重要研学方式。

2012年至2019年，厦门大学旅游管理教育在福建省内先后组织65场次乡村旅游、乡村振兴、文创实践思政教学和深入访谈，连续组织8届10批次学生赴台湾进行旅游实践调研，进行两岸的旅游实践比较研究。既加深了对台湾地区旅游行业的了解，又强化了对大陆庞大的旅游市场的认知，进一步增强了对大陆旅游产业发展的信心、对大陆文旅融合发展的文化自信和制度自信，达到了立德树人的育人目的。

他们在"行走的课堂"研学实践基础上，于2021年出版《研学修行九周年——行走的课堂》一书。书中提及的研学方式以参访旅游项目和各类创业项目为主。每年坚持开设台湾地区研学移动课堂，每次行程约9天，覆盖宝岛台湾的乡村旅游、生态观光、民宿、汽车旅馆、连锁餐饮、文创、观光工厂、温泉、酒店、博物馆等多个旅游业态，并参访数所大学、开展交流，涉及研学点约50个。

厦门大学的终身教育实践中学习项目的具体形式

◈ 案例

宁波市第四中学的"文化行走课程"

"文化行走课程"是宁波四中的特色课程，自2011年起，宁波四中以人文特色创新班建设为契机，开发了"国家课程+特选课程+行走课程"的三维课程体系。学校坚持让学生走出课堂、走出校园，提出在高中3年里完成2次长途文化考察、每年2—3次中短途文化考察的"行走课程"任务。学校认为，文化行走课堂能够突破传统教学的局限性及其与社会的割裂感，让学生们在感受现实社会的同时扩展文化视野。

宁波四中的文化行走地图上，已经有了燕赵文化（东北、京津冀）、齐鲁文化（山东）、吴文化（江苏）、越文化（浙江）、楚文化（湖北）、汉唐文化（陕西）、闽南文化（福建）、敦煌文化（甘肃）等文化行走线路。

2017年7月，宁波四中的一批学生前往敦煌进行文化研学旅行。同学们白天听取专业人员讲解和随行教师的微课堂，在行走中感悟。晚上围绕探究课题开展小组头脑风暴，撰写研修日志。

行前，开发团队针对目的地，搜集大量资料，整合海量资源，编写出一百多页的专用教材。教材内容涵盖语文、政治、历史、地理等多门学科知识，做到了书本知识与实地知识的巧妙对接，并设计了开放而有效的学习方式。

教师团队还精心设计研学线路，设计运作体系，建立安全预案，为活动提供制度保障和组织保障。同学们根据教材指导，进行专题学习，做到有备而去，有获而归。

　　此次研学涉足黄河、甘肃博物馆、东风航天城、嘉峪关长城、鸣沙山、莫高窟、兰州大学等地。同学们在甘肃省博物馆了解丝绸之路，在卫星发射纪念馆了解中国航天事业的发展历程，在兰州大学聆听“丝绸之路与西北历史文化”“一带一路与甘肃”主题讲座。行走学习为同学们带来全新的文化体验。

　　2017年7月，宁波四中的闽南文化研学旅行也同期启动。为了此次闽南文化行走，师生做了充足准备。策划组教师专门编写了“闽南文化”校本教材，充分准备了行走课堂中的课题设问与讲解；参与学生组建了研究学习小组，确定本组的文化研究课题并积极做好资料收集工作。

　　四天中，同学们的足迹遍及闽南——既漫步于泉州老城区，又到晋江深沪湾古森林遗迹等进行野外考察；既行走在厦门大学校园，又踏进各类博物馆（闽台缘博物馆、泉州湾古船陈列馆等）。

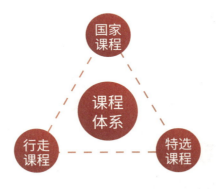

宁波第四中学“文化行走课程”三维课程体系

上述案例均来自各级学校。"人文行走"形式的背后是课程的设置和教学的目的。有的是为扩展丰富社区教育资源，有的是为培养学生在专业领域的"知行合一"能力，提升就业竞争力，也有的是针对人文特色创新班开设的扩展文化视野的高级课程，这表明其教学的目的各不相同。在具体实施中，这些学校都按照教育的规律、突出学习的理念，设计出相对完整的教学计划并进行充分的课题准备。这些不同和相同，都反映出我国各地学校在推进"人文行走"课程实践中的一些特点，也成为上海开展"人文行走"的一种参考。

2. 国外经验支撑

国外的终身学习及研学方式也提供了研究与借鉴的视角。

案例

日本的"修学旅行"和终身学习

日本"修学旅行"由来已久，涉及学习传统文化知识、参观国家公园、访问历史古迹，以及职业选择、自然体验、考察先进企业甚至体验商人活动等。不少学校还会组织学生出国修学旅行，并将此作为特色写入招生简章。

作为上海的友好城市，日本大阪建立了以"大阪市综合终身学习中心"为核心，不断向外延伸，直至覆盖居民家门口学习室的"三级学习圈"。

一级学习圈，是覆盖全市的广域学习圈，以位于梅田车站的"大阪市综合终身学习中心"为核心；

　　二级学习圈，是围绕东南西北四个车站的中心交通枢纽形成的交通学习圈，分别为城北市民学习中心、牟天町市民学习中心、阿倍野市民学习中心和难波市民学习中心；

　　三级学习圈，是覆盖居民住宅周围的地域学习圈，主要以设立在全市24个小学区的市民终身学习室为基本活动点。

　　近年来，日本总务省还开展了终身学习"教育云平台"示范项目，以"产学官"（企业、学校、政府）为互相合作的运营主体，构建出融内容、咨询、评价于一体的市民学习平台。

案例

韩国的毕业旅行

　　在韩国，较有特色的形式是毕业旅行。韩国教育部门将毕业旅行作为学生的一项必修课目，纳入学分管理，学生只有参加并修够相应学分，才可以毕业。研学旅游的范围也不限于本国内，如2014年，韩国大学生"东北亚大长征"至五女山城和高句丽时代遗址——我国吉林省集安市、敦化市、东京城等地进行考察。

案例

英国的"大陆游学"

　　早在17世纪，英国王室就有教师带领王子们周游列国的先例；到了18世纪，这种游学普及到英国上流阶层；到了19世纪，倘若英国的青年学子，尤其是贵族子弟不曾有过海外研学旅游的经历，就会被人看不起。今天，很多英国家长会选择在暑假带着孩子一起旅行，有些没有家庭出游计划的学生也会参加学校组织的出游，在旅途中学习知识。

☰ 案例

美国的研学旅游

美国的研学旅游和夏令营、冬令营一样，为培养孩子的兴趣爱好提供了多种多样的选择，是假期非常受学生欢迎的活动。美国霍奇基斯高中甚至曾组织10—12年级的学生去南极开展为期3周的探险之旅，让孩子们在考察南极半岛和周边岛屿，观察鲸鱼、磷虾群，拍摄帝王企鹅、海豹、冰山的同时，向随行的南极科考专家学习生态学和当地历史。此外，不少美国高中生会在假期里参加国内名校游，了解高校特色，为将来升学做准备。

虽然国情不同、历史文化背景不同，国际"人文行走"与研学旅游的许多做法不能照搬，终身教育总体上尚在探索当中，但也有一些好的思路可以借鉴，如日本大阪三级学习圈的概念，就对上海如何打造市民学习圈甚有启发。

3. 相关实践与学理支撑

① 人文行读的课程实践

在上海，起步较早、实践较多、研究较深、影响较大的学者是探索这一课题已有近30年的樊阳老师。

从2013年开始，樊阳老师和杨浦区教育学院教研员黄琴老师一

人文行读课程的探索者——樊阳老师

起，力图与初中语文课程教学相联系，将人文行读课程拓展到杨浦区六所初级中学。

2015年开始，樊阳老师以他所任教的上海外国语大学附属双语学校高中班为课内实施点，通过融合中国文学、中国史地和哲学的汉学课单元，推进人文行读校内课程化。

他还以樊阳人文公益讲坛为实践基地，每月根据人文讲座涉及的历史时期安排一次与之相关的上海或周边的"人文行走"。如开设从明代后期到清朝的文学讲座时，就相应安排了从豫园看明朝文人生活、徐光启与西学东渐、陈子龙与明清之际的文人选择、从嘉定文庙看明清科举等四条"人文行走"线路。在寒暑假，则安排学生开展国内的大型"人文行走"。

樊阳老师汇聚全国热爱行读课程的教师，建立人文讲坛行读共同体，每周通过网络进行学习和研讨。他带领讲坛和共同体师生，先后行走24个省170多个城市，形成了全国"人文行走"近40条线路与课程，上海60条线路与课程；发表相关论文和案例8篇，关于他的报道多达数十篇。他的经验在《中国教育报》《中国教师》等教育媒体上发表，在全国引起反响。

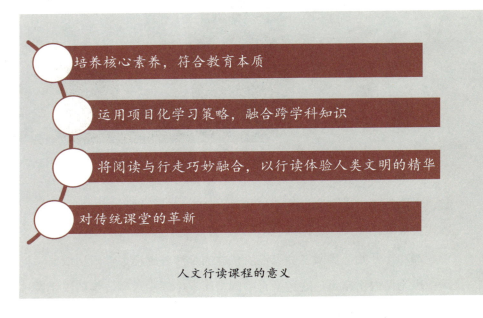

培养核心素养，符合教育本质

运用项目化学习策略，融合跨学科知识

将阅读与行走巧妙融合，以行读体验人类文明的精华

对传统课堂的革新

人文行读课程的意义

通过近30年的实践探索，樊阳老师团队形成了"人文行读"课程的实施方法和教育理念，将阅读、行走、写作相结合，打破学科壁垒，契合德智体美劳"五育融合"的教育发展目标。他将人文行读课程的意义归纳为四点：培养核心素养，符合教育本质；运用项目化学习策略，融合跨学科知识；将阅读与行走巧妙融合，以行读体验人类文明的精华；对传统课堂的革新。他提出，人文行读所带来的开阔视野、自主探究、思维迁移和激发创造是更重要的。"它使人文行读变成人生的行读。"

②"人文行走"相关学理观点

与"人文行走"相关的教育理论研究一直是研究工作者与教学实践者关心的内容，在相关的理论专著和学术论文里，下列一些理论观点经常被提及。

终身教育理论

"终身教育"（Lifelong Education）这一术语出现于1919年。英国教育家耶克斯利（Yeaxlee）参加了"1919年报告"的调查和起草工作，1929年所著《终身教育》成为第一部被冠以"终身教育"之名的著作。之后，加拿大教育家罗比·基德提出"毕生学习"这一概念（Kidd，1959），美国教育家罗伯特·赫钦斯提出"学习社会"这一概念（Hutchins，1968）。

终身教育理论的核心主张是：教育是终身的，学习作为一种社会行为将贯穿人的一生。相关理论和实践进一步促进了教育社会化和学习型社会建设，带来了积极的社会效应。个体学习能力的增强、知识面的拓展、社会认知的丰富，也为社会发展、文明进步、文化繁荣提供了主观助力。教育已经不仅仅局限于学校阶段的学习，少儿培训、成人教育、社区教育、老年教育等多领域，都被纳入终身教育体系。

> 教育是终身的，学习作为一种社会行为将贯穿人的一生。

更广阔社会空间范围内的文化资源、公共资源通过转化和整合，形成多元、可选的新学习资源，进而催生出愈加丰富、多样的学习工具和学习方式。而互联网、自媒体、手机移动端应用的高速发展，未来5G技术、元宇宙数字体验、人工智能的发展，也为终身教育事业发展带来新的时代课题。

"知行合一"理念

明代董其昌提出"读万卷书，行万里路"，是对中国古代科举制度下为"入仕"而学的教育思想的一种突破，强调读书人不应拘泥于读书，而是要走出书斋，放眼生活，观察社会，并将书中所学与对社会所感结合。

"知行"是中国传统哲学的重要范畴。王阳明心学所强调的"知行合一"从儒家哲学的角度，阐述了"知中有行，行中有知，以知为行，知决定行"等思想。近代人民教育家陶行知先生受"知行合一"思想影响，提出了"生活即教育""社会即学校""教学做合一"等思想，倡导"解放他的空间，使他能到大自然大社会里取得丰富的学问"。

体验式学习理论

大卫·库伯（David Kolb）是体验式学习理论的代表。库伯认为学习不是内容的获得与

教学做合一　社会即学校　生活即教育

——陶行知

"人文修身"学习点：陶行知纪念馆

传递，而是通过经验的转换创造知识的过程。他提出"体验式学习圈"理论，认为经验学习过程是由四个适应性学习阶段构成的环形结构，包括具体经验、反思性观察、抽象概念化、主动实践。

　　"体验式学习圈"理论指出：体验式学习并不是一个平面循环，而是一个螺旋上升的过程，学习者的每一次体验都是新的，所有的学习都是新的学习。掌握了体验式学习的方法，每个人都可以成为终身学习的践行者。

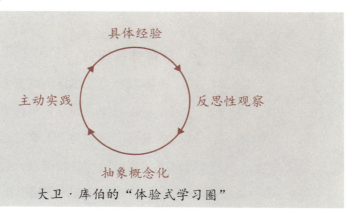

大卫·库伯的"体验式学习圈"

情境式学习理论

情境理论认为，个体参与实践活动、与环境相互作用是学习得以发生的根本机制。"人文行走"不仅仅是行走和观览，还包括参与者在行走的过程中进行访谈、调查、讨论，把学习体验和现代生活更好地融为一体。

情境教学是生动的，通过行走敞开自己，与城市、土地和人进行接触，从而获得深刻的现场体验与情感记忆。

行走的意义在于铭记历史，贯通古今人心，学会独立思考与担当历史责任。

建构关联、知识生成的导学方法：一是"行前阅读"，做知识"攻略"，进行信息储备；二是"观览引导"，观察景物，建立与宏大主题之间的知识联系与文化联系；三是"聚焦讨论"，设置与现实环境紧密联系并有一定争议性的问题，在争论中形成真知和正知。

「聚焦讨论」 「观览引导」 「行前阅读」

建构关联、知识生成的导学方法

4. 教育体系支撑

上海教育系统在打造终身教育体系、建设学习型城市方面，经过多年探索出了一条颇具成效的道路，这也为"人文行走"工作的实施提供了丰富经验和资源基础，为顺利推进"人文行走"的体系建设，奠定了扎实的基础。

①社区教育网点

社区是所有居民生活的基本空间，更是上海社区治理的基本单元。"十三五"期间，上海社区教育完善了"市—区—街镇—居村委—社会学习点"4.5级教育网络。社区教育以学习的"线"织密社区治理的"网"，成为提高城市治理的精细化水平、绣出城市治理品质和品牌的重要路径。截至2020年年底，上海全市有16所区级社区学院、212所街（镇）社区学校、5800多个居村委学习点和数以万计的楼组、睦邻点、中心户与宅基课堂，以及5万多名各类社区教育工作者，共同筑就了上海城市终身学习和社会治理的双重基层架构，在提供学习机会的同时，凝聚社会治理的基层力量，形成了一系列宝贵的实践经验。此外，上海还牵头研制、发布了"上海可持续发展教育社区行动计划（2020—2021）"，在社区实施可持续发展计划，重点开展健康教育、和谐发展、环境教育、职业能力教育实践，并主动向全球分享上海经验和中国智慧。

上海社区的
4.5级教育网络

②老年教育

上海老年教育一直走在全国的前列，已经完成了老年教育场所倍增计划。截至2021年，

学习资源日益丰富

学习方式更加灵活

提供理想、便捷、可及的学习机会

上海有4所市级老年大学及44所系统学校、18所区级老年大学、221所街镇级（含工业园区）老年学校、5589个居村委学习点。培育了531个养教结合学习点和326个老年教育社会学习点，以及数以万计的宅基课堂、田间教室、金睦邻、楼宇小组等，不断推进老年教育场所下移，扩大老年教育覆盖面。华东师范大学等9所高校开设的老年大学持续发展。同时，上海老年课程体系建设、数字化学习优质资源开发及按需开展的终身学习资源配送稳步推进，教育部门还与宣传系统合作开办了"金色课堂"电视节目，使老年人的学习资源日益丰富，学习方式的选择也更加灵活，为老年人提供了更加理想、便捷、可及的学习机会。

上海市金山区老年大学外景

③终身学习体验基地

上海在深化市民终身学习体验基地建设方面积累了丰富经验。2017年，出台《关于进一步推进上海市民终身学习体验基地建设的指导意见》《上海市民终身学习体验基地评估指标（2017版）》《上海市民终身学习体验基地（区级）建设指导标准》，推动特色品牌项目、体验式课程、网上体验基地建设。组织开展2018上海市民体验学习嘉年华活动。截至2020年年底，市级体验基地扩容至12个，下设体验站点146个，体验项目1218个，体验活动5000余场次，其中线上体验项目300余项，线上课程数161个，线上线下参与的市民达到200余万人次。

《关于进一步推进上海市民终身学习体验基地建设的指导意见》《上海市民终身学习体验基地评估指标（2017版）》《上海市民终身学习体验基地（区级）建设指导标准》

2022年"人文行走"摄影作品征集活动优秀作品

④政策文件

《上海教育现代化2035》
《上海市终身教育促进条例》
《上海市中长期教育改革和发展规划纲要（2010—2020年）》
《关于推进学习型社会建设的指导意见》

上海市出台《关于推进学习型社会建设的指导意见》（2006）、《上海市中长期教育改革和发展规划纲要（2010—2020年）》（2006）、《上海市终身教育促进条例》（2011）等多个政策文件，推动上海终身教育事业的发展。2019年，上海市出台《上海教育现代化2035》，提出到2035年，实现更高水平、更高质量的教育现代化，建成与时代发展相适应、同具有世界影响力的社会主义现代化国际大都市相匹配的一流教育，教育事业发展和人力资源开发主要指标达到全球城市先进水平，成为各类人才向往的学习体验之地、事业发展之地、价值实现之地，在我国教育现代化和教育强国建设中当好排头兵、先行者，为国家和上海经济社会发展作出更大贡献。

2019年奉贤区"人文行走"活动

⑤学习城市奖

作为国内最早提出学习型城市愿景、率先基本建成学习型社会的超大城市，上海在"十三五"期间持续创新发展，满足各类人群的终身学习需求；也因市民的参与和创造，上海进一步提升了泛在可选的终身教育品质。上海作为联合国教科文组织全球学习型城市网络中负责可持续发展教育的牵头城市之一，与德国汉堡市、芬兰埃斯波市一起统筹全球100多个学习型城市的发展，积极形成基于社区开展可持续发展教育的上海方案、上海智慧。2021年10月27日，在韩国延寿举行的联合国教科文组织第五届国际学习型城市大会上，上海成为10个获得联合国教科文组织2021年学习型城市奖的城市之一，也是本届中国唯一的获奖城市。

为此，上海终身教育研究院执行副院长、华东师范大学教授李家成说，"十三五"期间，上海终身教育以开放创新的精神，以健全的体系、完善的内容、专业的师资、多样的方式，满足市民日益增长的美好生活需要，提升了城市的文化品质和包容性。因为市民的参与和贡献，上海终身教育产生的世界性影响力，也融入了上海城市发展的大势。

上海入选联合国教科文组织2021年学习型城市

上海成为联合国教科文组织全球学习型城市网络中负责可持续发展教育的牵头城市之一

第三章
CHAPTER 3

践行不辍："人文行走"的实践之旅

- 以《通知》为引领的品牌定位
- 以制度为前提的机制架构
- 以流程为保证的规范服务
- 以人才为基础的"招兵买马"
- 以数字化为乐谱的时代音律

申城行走 人文修身
SHENCHENGXINGZOU RENWENXIUSHEN

文化是城市的灵魂和底色，是一座城市独特的印记，它承载着城市历史文脉，凝聚着城市的精神品格。胸怀"海纳百川、追求卓越、开明睿智、大气谦和"的城市精神，上海以更开放包容的姿态迎接世界，而终身教育正反映了城市发展中的人性尺度和包容宽度。

自1999年上海市率先提出建设学习型城市以来，历经20多年，上海的模式和经验受到国际社会广泛关注，全球学习型城市的"上海样本"已经树立。

作为终身教育市民学习的重要入口和推进上海学习型城市建设的重要抓手与切入点，"人文行走"项目自诞生之日起，就肩负着支撑高质量终身教育体系、助力上海城市转型发展，并为全球城市提供市民教育"中国智慧与经验"的社会使命。

在"百度"引擎搜索"人文行走"关键词，满屏均是上海各区各校各团体乃至个人的组织计划、行动方案、活动报道、行走感悟，图文并茂、琳琅满目，更有众多媒体的竞相报道，显示出"人文行走"所散发的活力、魅力和凝聚力。

俗话说，"金杯银杯，不如群众的口碑"。"人文行走"在给予市民获得感、幸福感的同时，多次获评品牌项目。既有口碑，也有奖杯，诚然是实至名归。

凡成功的项目背后，一定有其成功的经验。

"人文行走"活动带给市民的"行"与"学"的畅快，是由组织管理、制度建设、协调发展、分级落实、团队运作、有效反馈等一系列的服务体系支撑起来的。

本章就"人文行走"五年来在持续推进中的具体做法与实践经验进行梳理。

一、以《通知》为引领的品牌定位

首先是身份、使命和任务的认定。

"人文行走"的概念，就"行"+"学"的意义来说，绝非新事物。明代松江大书画家董其昌"读万卷书，行万里路"的名言脍炙人口，一直萦绕在历朝历代文人志士的口中心中，或作精神追求，或成行动方案。延至今日，仍有众多拥趸。有的是学校课堂，开设"研学"课程；有的是三五成群，沿途考察"人文"；有的是团体出行，开发"读着唐诗去旅行"的"行走"新线；也有的是独闯天涯，研写《千年一叹》，感悟天地人生。

但此"人文行走"非彼"人文行走"。两者重点不同。

"人文行走"也开设网上课程，但它是学校吗？它也有景点介绍，但它是旅游社吗？它也组织建群，但它是自娱自乐自嗨团吗？当然，它也写书编手册，但它更不是个人性情的抒发，像徐霞客，像余秋雨，像余纯顺。

那么，它是什么？

它的身份其实是政府职能部门，承担着建设学习型城市、推动终身教育资源开发和提升市民文明精神的重任。

人文行走，有着两个意义上的内涵：对于参与者来说，人文行走是一次说走就走的参观研学，一次眼界和心灵"行知合一"的洗礼，一个以社会为大课堂的学习方式，"读万卷书，行万里路"是它最古老而又最新异的标志；对于组织者来说，人文行走是一张丰富的学习线路"菜单"，一组精心整合的历史文化资源，一个臻于完善的教育组织服务体系，"时时处处人人"是它最凝练的特征。

在"人文行走"起步之时，《通知》的发布具有相当重要的作用。它构成了"人文行走"的鲜明特色——使命认同、思想认同和任务认同。

它的使命是——

贯彻落实党的十九大精神，以习近平新时代中国特色社会主义新思想为指导，围绕上海"五个中心"建设，全力打响"四大品牌"，弘扬上海城市精神，挖掘上海深厚的人文资源，展现上海红色文化、海派文化和江南文化的文化形态，全面推进本市学习型社会建设，进一步深化"市民修身行动"，不断提高城市文明程度和市民人文素质。

它的指导思想是——

以培养担当民族复兴大任的时代新人、弘扬共筑美好生活梦想的时代新风为根本任务，以培育和践行社会主义核心价值观为主线，推进社会主义核心价值观日常化、具体化、形象化、生活化。

它的任务是——

按照"修身、正己、立德"的要求，开展上海市民终身学习人文行走工作，倡导全民学习、终身学习理念，推进"市民修身行动"之"人文修身"的不断开展；按照"创新之城、人文之城、生态之城"建设的要求，引导市民在申城行走中，看申城、读人文、品历史、振精神，感受人文积淀，触摸城市温度，激发终身学习的创新活力，提升城市发展的软实力。

牢记使命，认清任务，明确身份，使得上海市民终身学习人文行走工作定位清晰，从一开始就处在立意高远、眼界宽广、任务艰巨、责任重大的高位。

二、以制度为前提的机制架构

其次是工作架构的搭建。一系列制度、章程、标准、要求的建立及各层级的协调运行，保证了市民的"人文行走"不偏于"游"而更侧重"学"，保证了其在文化和思想内涵上的质量，凸显其内在的价值。

1.健全组织架构，创新工作体制

①组织架构

在组织架构上，由市教委、市文明办牵头，市教委终身教育处组织领导，联合成立上海市民终身学习人文行走工作办公室和秘书处。上海教育报刊总社受工作小组委托，在其下属的上海教育新闻网设立人文行走工作办公室，负责统筹规划、组织实施、建设品牌、宣传发动，制定年度计划及相关方案，把握各阶段工作节点，推进落实；而设在杨浦区学习办的人文行走工作秘书处，则负责组织协调、指导推进区级联动项目落实。

②会议制度

建立起各个层面的工作会议制度。市教委、市文明办通力协作，通过不定期召开联席会议，确定工作目标和年度工作。办公室和秘书处积极响应、紧密布置，严格遵照章程和各项具体工作要求，每年组织召开各类工作会议，通过工作推进会、专家导师会议、导学志愿者培训会、各区联络员或通讯员会议等，从各个区域的实际出发，充分调动各方的积极性，形成内容丰富、区域特色明显的"人文行走"学习资源。由此形成自上而下、责任清晰、分工明确的全员动员工作机制。

③外聘人员

项目开展初期，工作小组及时组建了一支由9名特聘专家组成的导师队伍，负责整体筹划、专业保障、组织示范、指导评价等工作。同时，还在全市范围内聘用联络员、通讯员30多人，为行走项目提供联络沟通。这支队伍随着项目的开展不断壮大，越来越多的有识之士加入项目团队。

2.制定章程文件,建立工作标准

上海市民终身学习人文行走工作办公室制定了《上海市民终身学习人文行走工作章程》，分7章35条，明确了"人文行走"的宗旨目标、组织架构、岗位职责和工作制度等，作为全面指导"人文行走"工作的重要章程文件。

在项目运行过程中，办公室根据探索经验和实际工作需求，不断细化制度规则，相继制定公布一系列工作制度，成为指导"人文行走"工作的标准，如《"人文行走"导学志愿者要求》《"人文行走"学习线路申报及"人文修身"学习点建设要求》《"人文行走"微信公众号各区供稿要求》等，分别对相关工作的标准、流程、条件、资源等作出明确规定，以确保"人文行走"最终的配套整合和质量水准。

与此同时，各区还在秘书处指导之下，根据相关标准进行"人文修身"学习点的基础设施建设，建立长效机制，对学习点的内容、设备、设施进行维护与完善。

『人文行走』线路标准

『人文修身』学习点建设标准

历史
沿革

轶事
典故

建筑
特点

知识
要点

这里，以《"人文行走"线路标准和"人文修身"学习点建设标准》（以下简称《标准》）为例，具体观察它是怎样为各区在申报市级"人文行走"主题学习线路和"人文修身"学习点的过程中提供相应考量标准和规范要求的。

"人文行走"不同于普通游学和城市微旅行，其特点是，参与者"用脚步丈量历史，用行走感知文化"。无论是增"点"扩"线"，还是串"点"成"线"，市民学习内容的落脚点、行走体验感的载体，归根到底还是一个个学习点。如果说，"人文行走"工作是市民终身学习的共同体，那么，学习点就是构成整个共同体大楼的"地基"。

为了凸显"人文行走"学习点和学习线路的规范和严谨，保证其在历史文化和人文内涵方面的质量，"人文行走"采取了学习点与学习线路的建设与申报审批制度。申报单位需用通俗易懂的语言，简明扼要地介绍所申报之学习点的历史沿革、轶事典故、建筑特点、知识要点，以及有关如何促进青少年成长、如何与社会主义核心价值观契合、如何体现"红色文化"和"海派文化"精神等重点内容和核心要素的具体举措。

《标准》要求各区在申报"人文行走"线路时，提炼出能凸显区域特点，体现上海红色文化、海派文化和江南文化的核心价值主题。同时，还要大力挖掘各自的学习要素、价值取向、文化内涵。而且，在同一条学习线路上，学习点与学习点之间的线路贯通要互为链接、相互呼应、环环相扣。

简而言之，学习点的建设以价值为先导，在组织行走前，需统筹兼顾、周密计划，将学习点的价值、知识、历史内容反复提炼浓缩。各区教育局、文明办还要在专家引领之下，对每一处学习点的信息都细致采集、反复确认，大到修身线路，小到学习点的历史文化叙述、文字表达，都要仔细审核。

在送审环节，各区教育局、文明办及学习点上级主管部门需对申报内容进行初审，在确保描述准确、史料翔实、数据确凿、介绍完备、有据可查的基础上，材料经过确认盖章后报送至"人文行走"工作邮箱和秘书处。秘书处对各区提交的申报内容进行二审，编辑确认后交由特聘专家队伍进行三审，最终由特聘专家队伍确认。审核流程严格对标国内主流大报的三审三校制度，保证了"人文行走"知识内容的科学性和文字表述的严谨性。

上级主管部门初审

秘书处二审

特聘专家队伍三审

"人文行走"文字
内容审核流程

文件

上海市民终身学习人文行走工作
"人文行走"线路标准和"人文修身"学习点建设标准

为了建立规范统一的上海市级"人文行走"线路和"人文修身"学习点，为各区在申报市级"人文行走"线路和"人文修身"学习点过程中提供相应的考量标准和规范要求，特制定标准如下。

一、"人文行走"线路标准

1. 各区在建立"人文行走"线路时，首先提炼出能凸显区域特点，具有明晰统一，体现上海红色文化、海派文化和江南文化的核心价值主题。

2. "人文行走"线路在设计中需挖掘各学习点的学习要素、价值取向、文化内涵；学习点与学习点之间的线路贯通要互为链接，相互呼应，环环相扣。

3. "人文行走"线路必须由专人负责，在开展"人文行走"活动中注重培育有一定人数、有较高素质的志愿者队伍，满足市民对"人文行走"各线路学习点的学习需求。

4. "人文行走"线路设计还要关注市民的出行需求，控制"人文修身"学习点与学习点之间的距离和出行时间，以乘坐公共交通或徒步行走可到达为主。

"人文修身"学习点指标及建设标准		
A 组织 管理	**A1 领导 重视**	01．各区高度重视"人文行走"学习点建设工作,成立区级领导工作小组,组织协调"人文行走"学习点的建设。
		02．制定"人文行走"学习点建设工作方案,目标明确,重点突出,保障有力。
	A2 制度 完善	03．有完整的"人文行走"学习点建设工作制度,建立监督评价机制并执行。
		04．完善岗位责任,明确职责任务、工作标准和服务规范。
		05．学习点在人文历史、社会经济、民俗风情等方面具备一定的文化积淀,在本区或本市具有较高的知晓度。
B 内涵 特色	**B1 文化 内涵**	06．具有可挖掘的、符合社会主义核心价值观要求的文化要素(如:中国优秀传统文化、红色文化、海派文化、江南文化等),能促进学习者通过行走学习提升文化涵养,增强文化自觉和自信。
	B2 富有 特色	07．学习点具有浓厚的地域特色,能够客观地反映本区历史遗存、文化形态、社会习俗、生产生活方式等,加深学习者对区情、乡情的了解和认识。

（续表）

	C1 学习主题	08．学习点的学习主题选择要能够与所处学习链、学习圈相互关联或呼应。
C 学习活动	C2 知识技能	09．学习点具有丰富的知识性，适合不同年龄层次和文化层次的人群参与学习，能让学习者通过人文行走获得知识能力的提升。
	C3 学习要素	10．学习点具备丰富的学习素材，展示内容全面，展示形式多样，对学习者吸引力强。
		11．具备上海市"人文行走"办公室指定的"七个一"（找一找、扫一扫、看一看、听一听、学一学、想一想、做一做）的学习要求。
	C4 学习形式	12．学习点能够提供多样化的学习形式（参观、体验、探究等），可以支持团队、家庭、个人等不同类型的人文行走。
D 队伍建设	D1 专家引领	13．组建区级专家团队，为本区学习点建设提供智力支持。
		14．加强对学习点建设的研究，不断挖掘、丰富学习点的学习要素，提升学习点的品质。
	D2 志愿者服务	15．学习点配有一定数量的志愿者，提供接待咨询、引导讲解、便民服务等。
E 相关配套	E1 设施配置	16．学习点内各种标识（标识牌、二维码等）清晰醒目，设置合理。

（续表）

E 相关 配套	E1 设施 配置	17. 配有与学习点相关的行走地图、学习材料等，方便个人自主学习。
		18. 能够提供必要的应急物品，以防学习者发生突发事件。
	E2 维护 管理	19. 学习点内各类设施、设备的日常维护实行属地管理，各区"人文行走"项目主管单位负有监督管理职责。
	E3 安全防范	20. 建有相应的防范应急预案，以确保"人文行走"活动有序、安全进行。
F 公共 服务	F1 新媒体 利用	21. 建设以互联网为依托的新媒体平台，开展宣传活动，通过网站、微博、微信等定期发布活动信息，展示活动成果。
	F2 交通条件 和内部条 件	22. 学习点周边交通便捷，路况良好，方便学习者抵达；学习点内空间承载力较强，能够容纳一定规模人群进行行走学习。
	F3 周边环境	23. 学习点周边环境优美，卫生良好，适合学习者行走健身，愉悦身心。

上海市民终身学习人文行走工作办公室

上海市民终身学习人文行走工作秘书处

2018年11月

为了提升市民行走和学习的体验感，《标准》还对学习点志愿者的素质和配属数量、学习内容的标志，乃至周边交通与安全防范应急预案等细节，都分别作出规定。

比如，在交通方面，要求学习点周边交通便捷，路况良好，方便学习者抵达；在学习点内部方面，要求空间承载力较强，能够容纳一定规模人群行走学习；在环境方面，要求周边环境整洁，卫生良好，适合学习者行走健身，愉悦身心。

《标准》还要求：学习点要能提供多样化的学习形式（参观、体验、探究等），可以支持团队、家庭、个人等不同类型的人文行走；学习点内各类设施、设备的日常维护实行属地管理，各区都有主管单位监督管理。

在学习线路规划方面，除了与"人文修身"学习点的系列标准有诸多相通之处，还要考虑典型性、先进性和教育性，以及便民性和交通的便捷性。

多措并举的细则，在具体活动中一一落实，体现出对工作的精细认真态度。这为市民轻松愉悦地参与行走学习、提升获得感与幸福感，提供有力的保障。

提供多样化的学习形式

支持不同类型的人群

学习点属地化管理

典型性

先进性

教育性

便民性

交通便捷性

学习线路需要具备的五个特性

三、以流程为保证的规范服务

从连点成线、形成主题链，至多区联袂，快意"行走"；让活动设计、组织培训、行走指导、交流体会，环环相扣，使市民的行走学习变得更为方便。

1."行""学"相扣，打造"一站式"学习体验

在活动组织中，"人文行走"已形成事前、事中、事后三个决断组合模式——事先规划并制定详细计划，具体行走过程中有组织管理并重视时效性，事后思考并反馈总结。

具体来说，在开展一条线路的市民行走活动之前，"人文行走"组织者和专业志愿服务团队，会一起排摸、踩点，提前将线路走一遍，了解途中各种情况，多次预练导学词和解说词。同时，通过专题培训、观摩学习、互助交流等形式，结合不同街镇的区域特色，挖掘人文学习点的学习元素与志愿服务特色。这种先学习、后走访、再小结的三段式行走学习流程，已成为广受采纳的学习流程。

由此，从发动、组织市民走出家门的"行"，到让活动参与者在轻松愉快的环境下，更新知识体系、了解上海发展的"前世今

事先规划并制定
详细计划

行走过程中
有组织管理
并重视时效性

事后思考并
反馈总结

"人文行走"的三个决断组合模式

生"和未来蓝图的"学"，"人文行走"做到了让"行"与"学"紧密结合。

"人文行走"活动摒弃了单调的学习模式，采用灵活多样的学习内容和创新形式，针对不同主题线路、不同群体，制定个性化路线和实施方案，不仅力争"场场有新意"，而且不断在学习环节中注入各种新意。不少学习者有这样的感受：同一条路间隔一段时间行走，就会有不同的体验感和获得感。

情境理论认为，个体参与实践活动、与环境相互作用是学习得以发生的根本机制。

"人文行走"不仅仅是行走和观览，还包括参与者在行走的过程中进行访谈、调查、讨论，把学习体验和现代生活更好地融为一体的"一站式"、全方位的学习体验。

"人文行走"让学习者走出教室、书房，将学习的目光和触角伸向现实生活广阔的天地，打开全部感官，用眼睛看，用耳朵听，用手掌抚、用脚步量，甚至还可以用鼻子嗅、用舌尖尝，"全息感知"来自博物馆、美术馆、影剧院、名胜古迹、街头巷尾的城市人文密码，认识历史、眺望未来。

"人文行走"突破了传统教育的四个限制：学科、空间、角色和学龄。"学科突破，

不同主题　不同人群

学科突破　空间突破

角色突破　学龄突破

带给我们全新的课堂；空间突破，带给我们全新的学习天地；角色突破，带给我们共同学习的新体验；学龄突破，让我们形成终身学习的共同体。"

"人文行走"将系列学习主题整理成线下主题学习线路、人文知识、音视频和线上课程，为学习者充分利用余暇时间和碎片化时间进行线下、线上学习提供了便捷方式。

更为重要的是，这些创举让学习者不再限于被动接受和被灌输的形式，而是真正成为选择学习内容的主体、主宰学习过程的"主人翁"，从"要我学"到"我要学"，主动投入学习，将学习经验和人文知识转变为学习记忆。

有不少活动参与者反馈，"人文行走"形式活泼，动静结合，声像相应，自然亲切，在活动平台上还能分享感受和感悟。他们所言非虚，"人文行走"用创新的理念和工作方式打造的这种立体多重的对话实践，正是移动网络时代更多人希望看到的"知行合一"的人文教育，也是古人所言"读万卷书，行万里路"的富有时代特色的呈现方式。

利用

余暇时间　碎片化时间

进行

线上学习　线下行走

达到

到"我要学"　从"要我学"

"人文行走"鼓励学习者主动投入，成为"主人翁"

⊗ 总 结

分段学习理念

前期阶段

主要通过微信端提前学习知识点，了解学习点和"人文行走"线路相关信息，通过领取学习包，提前浏览"人文行走"地图，阅读"人文行走"手册，带着问题和个人感兴趣的内容参加"人文行走"活动。这一阶段的准备工作重点是提前收集图文介绍、现场照片和音视频，以及采编学习资料和宣传资料、编辑与发布介绍类文稿、设计行走线路地图、设计互动环节和学习问答环节。此外，志愿者和带队导师需要提前走一遍现场，基于切身体会进一步修正执行方案，优化解说词和知识点介绍文字，为具体活动执行做好准备。

过程阶段

在行走中现场学习和体验，通过各个学习点现场参观学习、现场讲解、现场互动，强化知识点，达成学习目标；通过整条线路衔接，强化学习主题，形成关联知识点强化记忆。把特定场所的现场互动环节、仪式、手工和非遗项目，融入过程环节。这能够进一步调动活动参与者的积极性，使其亲身感受学习的乐趣。

在学习活动开展过程中，通过拍摄照片、视频等形式做好过程记录，积累后续宣传和知识传播的一手素材。通过与参与者沟通、交流学习心得，收集整理有效信息，为下一次活动组织和"人文行走"工作优化提供信息反馈。

后续阶段

学习包一般会留赠给活动参与者，再加上现场发放的部分学习资料，为重温过程或二次学习、重复阅读提供资料支持。活动结束后，活动参与者可以通过撰写学习心得、学习总结，或者通过答题等形式，完成个人学习成果的归纳概括。通过浏览阅读活动新闻稿、登录微信端重温知识点和行走线路，进一步强化知识记忆，固化学习获得感，使之成为人生阅历的一部分。

线上移动课堂系列课程，是后续持续学习的支撑点之一。移动课堂既可以结合线下活动，又可以独立成篇、形成系列学习内容，成为线上线下相结合的复合型方式。

从办公室高屋建瓴地制定制度，到各区、街镇乃至社区、学校的层层推进，落实执行；从行走路线的确立审核、学习内容的推送，到每一个学习点的效果保障，以及教师、志愿者的讲授解说，每一环节都彼此联系，相辅相成，缺一不可。从这层意义上来说，"人文行走"的工作已走向成熟，"行""学"融为一体，避免了"游而不学"的肤浅。正是在这一套完整的运作机制的规范下，"人文行走"的各个环节相互顺应，形成合力，使得参与的市民在实现了"人人皆学、处处能学、时时可学"之外，还收获了"个个乐学"的舒心体验。

"人文行走"的路线设置在一定程度上依托的是市民耳熟能详的本地资源。要把这些"熟"的资源做成对本地居民富有吸引力的学习内容，就要对其进行全新解读，联系时代特点和居民生活实际，进行有创意的线路与活动设计。用华东师范大学职业教育与成人教育研究所副研究员孙玫璐的话来说，这是一种"变熟为生"的创新性。

文化宝藏就在我们的"家门口","人文行走"所为就是让这些珍宝经过重新打磨,焕发令人耳目一新的光彩。

案例

崇明花博会与知青文化

2021年春夏之交的崇明,作为第十届中国花卉博览会的举办地,"花海盛宴"吸引了众多市民打卡游玩。人文行走工作办公室抓住热点,重磅推出了人文行走新线路——从新海镇展示馆起步,了解新海镇建镇十余年来的可喜成就,再到新海镇新时代文明实践分中心,看看崇明人是如何将文明实践志愿服务下沉到基层,在知青公园忆20多万知青在崇明农场的艰辛历程,最后去上海知青纪念馆感受"知青文化"的深刻内涵。

不少学习者趁着参观花博会之机,感受了这条路线的魅力。他们一边享受生态自然之美,一边通过文字、图片、珍贵物品和雕塑,感受前人艰苦创业、敢为人先的垦拓精神与青春无悔、不屈奋斗的知青文化。一栋栋知青居住过的老宿舍楼,记录了当年上海知青在岛上的艰苦奋斗。从初识芦苇、看露天电影,到喝淡水、滚地龙,战天斗地的故事令人动容。

学习者纷纷表示,行走路线让他们有强烈的获得感。不了解崇明历史的人,在行走中见证了崇明农场发展成长的绚丽华章,以及蕴含于其中的艰苦奋斗、无私奉献的围垦精神、光荣传统和深厚文化内涵。经历过"下乡"岁月的学习者,则在重返农场的过程中,重拾记忆和观光观景、踏青怀旧。实地行走参观,寻找当年知青工作和生活的痕迹，体验农场老知青的艰苦生活，让学习者感悟改革开放取得的伟大成就，用全新的眼光认识了崇明。老知青精神将在这块热土上延续下去，成为建设更加美好的生态家园的驱动力。

案例

长宁学生徒步，品历史之香

长宁区业余大学学生会举办的"人文行走　品学长宁"第三届学生户外徒步活动，也蕴含"变熟为生"的设计思路。参与的同学们对本地资源熟门熟路。在这场行走中，他们被分为9到10人一组，组成了4支小分队，从学校水城路校区出发，沿途走过了中版书房、羽瓦台书法馆、虹桥香事馆、程十发美术馆、上海宋庆龄纪念馆、上海儿童博物馆。

用其中一位学习者的话来形容："这是一场香气十足的行走。"茶香、书香、墨香、画香，从欣赏中西艺术融合之美到亲身体验国风课程，结合"四史"学习教育，巧妙的组合混搭，使得大家在行走中感受丰富的文化，找到了观赏这些展馆场所的全新视角。学生们在整个"行""学"过程中精神饱满，热情高涨，认真聆听带队讲解员的精彩介绍，积极答题互动，以此感知城市的温度，牢记中国的文化历史与自己的责任。

长宁区学生"人文行走"

2.市、区两级联动，分设主题活动

在项目运行和任务执行的过程中，市、区两级紧密联动，呈现出本固枝荣、和合共生的工作格局和学习氛围。

"人文行走"秘书处按照工作章程的要求，定期召开各区联络员会议，下发"人文行走"办公室制定的本年度工作计划。

在《通知》中，提出了2018—2020年三年行动计划，分解了具体工作目标。

2018年的工作重点是：11个区成为第二批试点，推进"人文行走"工作，完成"人文修身"学习点设置，推出一批示范线路，扩展参与学习的群体。2019年的工作重点是：实现"人文行走"活动16个区全覆盖，开展系列主题活动，推动"人文行走"工作进社区、进学校、进企业、进网络，开展五区联动的"礼赞新时代 人文滨江行"大型主题活动。2020年的工作重点是：形成红色文化、海派文化、江南文化三大主题的重点线路，开展"逐梦新征程 寻脉人文行"大型主题活动。

这些工作，有需要在全市层面操作和协调的，有需要各区具体落实、执行的。

大量的学习点与学习线路都下沉至所在的区域，由各区根据历史文化特色创建学习线路，内容丰富，亮点纷呈。区级层面则以各区教育局牵头，多部门、多场馆、多单位共同参与、上下联动。

市级层面的工作，更多是提供政策指导、资源协调、项目审核、网上平台、反馈交流和考核评比等后援服务工作。办公室与秘书处发挥了桥梁纽带作用，整体布局、统筹协调，细化落地方案。

每逢重大事件和重要时节，办公室则会联合多区，调动资源，开展市级"人文行走"学习主题链的大型活动。如：2019年，为庆祝中华人民共和国成立70周年，开启了五区联动滨江行的"礼赞新时代 人文滨江行"主题活动；2020年，开展了以"江南文化"为主题的"逐梦新征程，寻脉人文行""人文行走"活动；2021年，为庆祝建党百年，推出红色行走"十百千"工程；2022年，五座新城联袂举行"全民崇学喜迎二十大 申城行走续写新辉煌"主题活动。2018年以来，几乎每年举办一次活动，每一年都比以往规模更大，气势更足，影响更广。

区级层面
以各区教育局牵头，多部门、多场馆、多单位共同参与、上下联动。

↓

办公室与秘书处发挥桥梁纽带作用，整体布局、统筹协调，细化落地方案。

↓

市级层面
提供政策指导、资源协调、项目审核、网上平台、反馈交流和考核评比等后援服务工作。

市、区两级联动

市、区协调，又各自发力，由此，一个多层面、全市域的"学习点—学习线—学习链"组合基本形成，多方协同效应鲜明体现，展现了组织协调的能力，迸发出上海市民终身学习人文行走工作统筹管理下各方积极性高涨的勃勃生机，有力地推进市民修身立德、知行合一，推动城市精神走进市民心中，融入城市血脉。

"行有所学""游有所获""寓学于游"的游憩性和休闲性质是"人文行走"与传统教育方式的最明显区别，也是广泛吸引市民参与、提升学习者积极性的不二法则。

①党建教材

上海是城市治理的样板。尤其是过去十年间，上海的"一江一河"发生了令人瞩目的变化。黄浦江两岸45公里岸线公共空间、苏州河中心城区42公里岸线公共空间相继贯通开放，滨水公共空间正成为市民群众休憩之处、中外游客流连忘返之地和上海生活的品牌。"人文行走"以五区接力的形式，启动了市民修身滨江行主题活动，通过为上海众多人文地标和城市记忆赋予学习元素，广泛组织市民通过行走学习加深对上海的了解和认识。

寓学于游　游有所获　行有所学

杨浦大桥街道：以党建促活动

大桥街道党建办成立了杨浦滨江人文行走宣讲团，以兼有亲和力、专业度的讲解让更多的市民，尤其是孩子、老人、外地慕名而来的参访团都能够了解杨浦的百年工业和红色杨树浦的历史。

不仅如此，大桥街道党建办针对不同年龄、不同种类的学习群体制定了个性化的行走方案，开设了几条滨江人文行走的经典参访路线，着力引导人们在打卡经典地标的同时，以寻找、发现、参观、记录、体验、分享等一系列"标配"动作，去"感受""感知""感悟"百年工业景观中蕴藏的知识，把人文行走的宣讲、百年工业的魅力带动并辐射到整个杨浦滨江的岸线上，深受广大人民群众的好评和大力支持。

街道还着力发挥党建功能，多方协同，以共建方式开展多样性的"行""学"活动。街道通过打造滨江智慧党建平台，利用全息沙盘互动体验，在线上线下织起了一张滨江党建服务网，让党员群众通过"人文行走"，参与"四史"学习教育。在学习过程中，他们举办了"滨江红色电影周"的展映，联手上海歌剧院举办了原创音乐剧《国之当歌》专场演出，组织各类人员参与其中。

以党建带学习，以学习促党建，街道以"站点也是党建平台"的理念，推进各项优质贴心的服务，让党的旗帜在站点高高飘扬，让红色的基因渗透到每个人的心中，也让人文行走的价值在整个杨浦滨江的岸线上得到持续挖掘和拓展。

他们还以人民城市为人民为理念，让学习者更有获得感。街道在不同环节上都彰显了"绣花"功夫。他们在滨江岸线设置了"人民建议直通车"，把杨浦滨江的建设开发管理主动问计于民、问需于民，请市民在站点通过微信语音或者文字将建议留给负责老师，以更好地听民情、聚民智、纳民意。

不仅如此，街道党建办还在各个人文行走站点提供了公用微波炉、小冰箱，以及雨伞的免费租借等基础服务，并且根据站点主题提供相应的特色服务，让学习者在人文行走的氛围中获得一份温暖。

杨浦区"以党促建"活动

②红色之旅

2021年4月14日，在迎接中国共产党建党100周年之际，黄浦区第一社区教育中心的老师带着10位市民代表，来到永安公司的绮云阁开展"人文行走"活动。市民代表们虽然一直住在南京东路附近，但都是第一次登上绮云阁。有市民代表在学习体会中写道："走过百年，永安百货大楼的每个瞬间都蕴含着城市的气质和情怀，为此永安百货在七楼阳光房举办百年历史文化展，讲述发展中的风雨历程。""如今永安已经是101岁的历史百货了，静观上海70年来日新月异的发展，回想十里洋场老上海，永安百货就像一位老爷爷，给孩子们缓缓地讲述着上海解放故事。解放前，永安百货是上海高雅、时尚、尊贵的象征，也是上海首屈一指的高档百货商店。解放后，永安百货成了红色基地。在永安百货的最高处绮云阁，我们追忆红色历史，缅怀革命烈士，不忘初心。"

在长宁区，一位安顺路小学学生游览"愚园路历史名人墙"后表示："观览完名人墙，我的心情久久不能平静，心中对革命先辈的崇敬之情更增万分。作为新时代的青少年，我们一定要珍惜时间，加倍努力学习，牢记习爷爷的教导，沿着革命先辈的光荣历程，用实际行动让红色基因、革命薪火代代传承，为实现中华民族伟大复兴的中国梦贡献我们的力量。"

③上海之根

在"寓学于游"的过程中，体会上海文化之根、江南文化之美，不仅能让学习者充分休闲放松，更能激发他们主动探求知识的好奇心，在与环境的互动中，习得相关知识技能，加深对上海这座城市的情感和认同。

> **◈ 案 例**
>
> ### 七宝镇社区学校：游方塔园，寻上海之根
>
> 　　2022年11月初，七宝镇社区学校组织志愿者讲师、兼职教师、团队骨干86人，分批来到松江区，游览方塔园和云间粮仓，寻觅上海之根的古与今。虽然对松江的各处遗址古迹不陌生，但不少学习者正是在这次活动中才了解到，方塔园中的照壁是上海乃至全国最古老、最精美、保存得最为完好的大型砖雕艺术珍品。不仅如此，方塔园所在的位置正是唐宋时期华亭县城中心，在这里的地下还发现了大量唐宋遗物和一条东西向的唐代市河部分驳岸的遗迹。而修旧如旧的云间粮仓也保留着粮食仓库及工厂的特殊历史文化记忆。这场活动让七宝居民在寻找、发现、体验、分享中"感受、感知、感怀"蕴藏于身边的人文资源，增进对上海历史的了解，触摸上海文化之根，砥砺奋进向未来。
>
>
>
> 2022年闵行区"人文行走"活动

案例

青浦徐泾中学："追本溯源，寻根蟠龙"

青浦区徐泾中学以青浦源远流长的地域文化和底蕴深厚的"上善"精神为主旨，组织学生开展"追本溯源，寻根蟠龙"活动，在学、思、践、悟中，厚植爱国爱家乡的情怀，充分激发学生的公民责任意识。

在寻根活动中，学生们通过图文、实物系统完整地了解了蟠龙古镇的风貌、名胜古迹、名门名人、商市兴衰、民风民俗、红色基因等1400多年的历史沿革，还见识了当地市级非物质文化遗产"徐泾汤炒"的制作技艺。不仅如此，在学校的蟠龙文化屋里，学生们化身小小讲解员，通过实践将了解到的蟠龙历史文化融会贯通，话蟠龙旧事，说蟠龙红色故事，争当蟠龙文化小传人。

2022年"追本溯源，寻根蟠龙""人文行走"活动

浦东新区洋泾街道社区学校的学员在"家门口"完成行走之后说："听着讲解员的介绍，我仿佛穿越时空，来到了那个年代，看见了洋泾这个小镇的兴衰。洋泾是一个有着700多年历史的古镇。那一段段光辉的历史，震撼着我的心。昔日的洋泾镇虽不复存在，但是浦东的快速发展，让洋泾这个古镇发生着日新月异的变化。享受着交通的便捷，感受着浓厚的文化气息，我为自己是洋泾的一员而骄傲。我们享受着今天的幸福时光，也要学会尊重历史、保护历史，努力让我们的洋泾变得更加繁荣昌盛。"

④非遗民俗

不同于其他文旅项目，"人文行走"的特殊之处在于其植根于本地资源，又肩负宏大的教育主题。因此，"人文行走"在数年的发展过程中，不断探索将宏观教育主题和目标与本地公共文化资源精准对接的高效工作方式，统筹指导、协作联动，切实发挥"注重统分结合，做好统筹协调；注重规划先行，以科学规划为引领；注重借势做事，借助重大节点、历史阶段谋事成事"的长效机制优势。

不只是精心编制路线，力争在有限的时间内把握"行""学"重点、突出特色，"人文行走"还创造性地将各种艺术形式、非遗技艺、科技手段等群众喜闻乐见的内容融入主题行学的环节。不拘一格、丰富多样的活动形式，让人们在艺术氛围的熏陶之中，乐此不疲地学习文化历史、陶冶道德情操、升华爱国精神。

在彰显海派文化的浦东新区重走洋泾"黄金航线"路线中，上海绒绣洋泾保护传承基地（传习所）作为重要的"人文修身"学习点，让学习者们看到上海本地非遗技艺再放光华。

"上海绒绣"非遗技艺

　　上海绒绣是在特制的网眼麻布上，用彩色羊绒绣出各种画面和图案的刺绣。绒绣最早从欧洲传来，经过上海本地能工巧匠的改造和发展，形成了以西方绣线融合东方刺绣工艺的艺术。上海绒绣因此被称为"东方油画"。在这条行走线路中，学习者不仅能一次性观赏百余幅上海绒绣精品之作，还踏足大师工作室和绒绣生产车间，进一步了解绒绣的制作过程。

　　在闵行区的行走路线中，还有一条集中了多种非遗技艺的"传承民族文化　品味非遗魅力"行学线路。整条线路从国家级非物质文化遗产马桥手狮舞开头，囊括了马桥手狮舞艺堂和马桥文化长廊艺堂、颛桥剪纸文化公园、闵行非遗展示厅、中国民族乐器博物馆、七宝皮影戏艺术馆，以及华漕手工技艺体验基地等6个学习点。整条路线不仅为工艺美术爱好者提供了与大师、与艺术零距离交流的平台，更是浓缩了城市技艺的发展历史，让学习者以平视的视角，从一项技艺的发展流变过程中探寻海派文化、江南文化对普通人生活的影响，引发学习者的好奇和思考。

　　"人文行走"倡导以历史、文化育人，亦可以拓展到以戏剧表演育人。"人文行走·七彩梅陇"活动在"行""学"过程中就组织了各居村学习点的沪剧爱好者、文体中心文化团队代表、社区学校休闲兴趣班学员代表等600余人，分场次观看了原创沪剧《相约梅家弄》。

　　该剧以梅陇地区革命历史斗争史实和地方人文风情为创作素材，艺术地再现了发生在20世纪20年代梅家弄火车站的传奇故事，讴歌革命先辈"不忘初心，牢记使命"的精神风貌，激励人们奋勇斗争。优美动人的旋律、感人深情的念白，激荡在每个观众的内心。"这讲的就是梅陇的故事，我们都很喜欢看。"为戏剧迷、文艺爱好者、文化工作者量身定制的本地历史内容，再度丰富了"人文行走"的含义。

2022年马桥手狮舞艺堂"人文行走"活动

⑤科创蓄力

　　"人文行走"倡导学习科技知识，为科创蓄力，通过游览科创相关学习点，让人们享受更为充实的精神文化生活。

案例

宝山：穿梭创客空间，解码科创基因

　　上海宝山区的"穿梭创客空间，解码科创基因"人文行走路线，组织学习者参观麻省理工微观装配实验室拥有的几乎可以制造任何产品和工具的小型工厂，游览全球最长的3D打印混凝土桥，体验智慧湾AR、VR（增强现实、虚拟现实）应用技术，让学习者在活动中见证上海北部地区利用工业遗存发展科技产业，逐步实现从传统老工业基地向科创中心主阵地的"华丽转身"。

宝山区行走线路地图

案例

浦东：开设"科技创新"线路

　　浦东新区的"科技创新"线路，打出了"与尖端科技亲密接触"的主题，"高精尖"未来感拉满。线路中的张江人工智能岛体验中心既是上海首个人工智能展厅，也是国内首个"5G+AI"全场景应用示范展厅；上海磁浮交通科技馆不仅展示了上海磁浮线，还让参加者在"探秘"的过程中对磁浮优势有所了解，对磁浮的未来进行展望。

实际上，"人文行走"中还有一些"隐藏"的科技行走线路。

"人文行走"微信号小编就曾带众网友打卡过虹口的科技之路。这条路线囊括了中国科学院上海技术物理研究所、岳阳医院治未病中心、上海中科润达医学检验实验室、上海市公安局刑事侦查总队等诸多点位。

其中，中国科学院上海技术物理研究所是集基础研究、工程技术研发和高新技术产业化于一体的综合型研究机构，围绕国家重大战略需求，重点抓好红外探测器、红外技术中的专用部件，以及高水平整机系统的研制。但由于机构的特殊性，平日不对外开放，在科学日、科学节期间，公众才有机会预约参观红外物理国家重点实验室。

"刑警803"，是上海市公安局刑事侦查总队的代号，因其门牌号为中山北一路803号而得名。大型广播连续剧《刑警803》，就取材于上海市公安局刑侦总队的侦查破案故事，经过艺术加工而成。因此，803现在已经成为上海家喻户晓的刑警形象符号。

2021年5月28日，"刑警803"上海市现场物证重点实验室举办了第四届重点实验室开放日活动，此次活动恰逢建党100周年及上海建设具有全球影响力的科技创新中心"十四五"起步之年，活动旨在展示刑事科学技术的重要性以及科普的必要性，展现新一代刑警不畏艰难、砥砺前行的亮剑精神，凸显刑事科学技术在刑事侦破中的关键作用，使市民们对刑事侦查过程和刑事科学技术有更深入的了解和认识。

华东师范大学孟宪承书院的22名师范生受邀参加此次体验活动。他们带着未来教师教书育人、传播科学种子的期待，近距离接触现代刑事科学技术。

大家来到警局的大礼堂，了解神秘"刑警803"的历史进程以及取得的成绩。同时，多位在刑侦一线的警官通过"反诈骗""禁毒""指纹识别""DNA检验"等专题讲座，为大家带来刑事科学技术的知识盛宴。

为了解读实验室在保障国家公共安全方面所做的工作，促进大家对刑事案件侦察情况和技术保障能力的深入了解，活动的第二站便来到了四个现场物证重点实验室。在指纹实验室里观看刑警细致的对比工作，在毒化实验室了解各种各样的毒品及其带来的危害，在枪弹实验室见识各种类型的枪械及其杀伤力……听着专业技术人员的讲解，通过近距离接触实验仪器和现场问答，大家对科研工作的兴趣陡然提升。

走进上海市现场物证重点实验室

由于上述线路的几个学习点都需要预约参观，有特殊性，因此被"人文行走"学习者称为"神秘"的"隐藏"线路。

此外，科技内容已渗入"人文行走"活动。

2022年9月27日，颛桥镇社区学校组织30名讲师团及志愿者老师开展了以"喜迎二十大，探寻复兴路"、感受中国生态科技的绿创未来为主题的"人文行走"活动。

在拥有"全球之最"称号的生态环保基地——老港再生能源中心，学习者们站在全透明的玻璃窗前，参观数字化、自动化、智能化的控制中心，见证了城市重污之地变为生态花园的自动智能化过程，了解领先的生态科技。在上海飞机制造公司，学习者们在工作人员的带领下，参观飞机零部件制造的过程，了解其研制过程的艰难和曲折，探究国产飞机背后的奥秘，近距离体验"展翅上天"的大国重器。不少学习者深刻感受到现代科技的无限魅力，也真切感悟到科研人员"长期奋斗、长期攻关、长期吃苦、长期奉献"的敬业精神和坚守精神，坚定了只有永远跟党走、才能实现中国梦的信心和决心。

松江区佘山成校充分利用"近水楼台"之便，组织社区市民参观佘山天文博物馆和65米天马射电望远镜。一些对天文知识涉猎不多的学习者正是在这场"行""学"活动中，了解到65米天马射电望远镜在同类望远镜中系统综合性能位列世界前三，为中国的探月工程、深空探测提供有力支撑，因此自豪之情油然而生。参观活动探索宇宙之美，普及了天文科学知识，也激发了普通市民对天文的兴趣，更让人们身临其境地感受我国天文科学的发展和成就，加深了人们对科技强国、科技兴国的理解。

⑥市民学校

除了在行走路线中加入更多科创元素，"人文行走"工作也致力于在工作机制上用科学内涵和科学教育理念，为学习者创造出跨越时空、连接历史和未来的学习情境。在多方努力之下，一种跨越历史、面向未来的创新模式应运而生。

2021年11月1日，杨浦区滨江人文市民学校正式揭牌。学校从创建伊始就充分挖掘滨江的人文内核，采用"3+4+N"的内容模式，从历史、现在、将来三大维度出发，结合杨浦滨江的"历史感、智慧型、生态型、生活化"四大定位，开展N种定制化的课程及人文活动。

杨浦区滨江人文市民学校揭牌仪式

这所全市首家人文市民学校，依托滨江区域资源，利用最新的应用科学技术，围绕滨江的工业遗存、红色印记、独特景致、科学规划等方面，面向老人、白领、中小学生、亲子群体等开展丰富多彩的滨江体验课程、"人文行走"、滨江沙龙、党建团建项目及成果赛事展出等社区教育服务活动。

"光影里的滨江摄影课程""唱响美丽滨江合唱课程""指尖上的滨江文创课程""杨浦滨江红色行走之旅活动""打卡城市空间艺术季活动"，在全新的科技场景中进行，获得了市民的青睐。

杨浦区教育工作党委书记、区学习办主任卜健在学校揭牌仪式上发表致辞说，滨江人文市民学校应该是引领市民走向未来、拥抱未来，担负起时代的使命担当的市民终身学习场所。

作为由杨浦区学习办和杨浦区滨江办合作共建，旨在积极助力杨浦滨江"人民城市建设示范区"建设、推动区域社区教育资源共建共享的终身学习机构，学校正在为市民打造一个亲历滨江、时空漫步的学习基地，让更多市民在参与终身学习中感受杨浦滨江"人民城市建设示范区"的独特魅力。

在办学过程中，学校按照既定的办学定位要求，紧紧围绕杨浦经济社会发展的战略目标，用面向未来的科学育人理念，扎实推进社区教育创新模式探索，努力为每一位市民创造人生出彩机会，同时，围绕滨江元素建设服务全民的终身学习课程体系，帮助更多市民唤醒城市记忆、促进文化认同、增强家国情怀，让杨浦滨江"生活秀带"释放新温度、焕发新活力、绽放新风采。

通过参与"人文行走"活动，市民不仅能熟悉身边的人文景观，也能起到"文化大使"或城市文化形象代言人的作用。某种意义上，这既是宣传推介本土文化之需要，也是建设高度文明的国家之必须。

对此，时任上海市教委终身教育处副处长夏瑛介绍说："我们将在16个区打造'人文行走'学习圈，将一个个小圈连接成整个城市的行走链，通过活动让行走链动起来，形成流动的、行走的学习环境，彰显城市的温度，也从整体上激活行走覆盖的区域里的各种学习资源，以更好地一路激活区域的整体创新活力。"

3.强化服务支持，形成资源特色

为"人文行走"提供更多更细的服务支撑，是主办方的重要工作之一。除梳理区域资源，帮助各区培育一批人文修身学习点、组建学习线路之外，主办方还精心研究，反复试验，为市民的行走学习提供资源和指导。其中，最有代表性的是"五个一"资源和"七个一"指导。

① "五个一"学习资源，"七个一"学习指导

制作一份行走地图

编辑一本学习手册

张贴一组"人文行走"移动平台的二维码

录制一组视频、音频等多媒体资料

组建一支导学志愿者队伍

"五个一"学习资源

"人文行走"二维码扫码牌样式

与"五个一"学习资源相对应的，是为方便引导市民在申城行走中得到更大的收获，还按学习顺序设计出"七个一"学习指导的详细步骤：

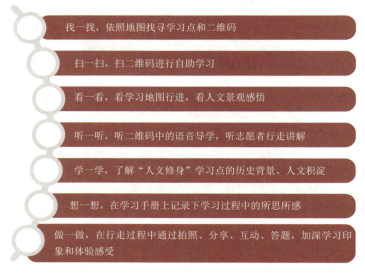

找一找，依照地图找寻学习点和二维码

扫一扫，扫二维码进行自助学习

看一看，看学习地图行进，看人文景观感悟

听一听，听二维码中的语音导学，听志愿者行走讲解

学一学，了解"人文修身"学习点的历史背景、人文积淀

想一想，在学习手册上记录下学习过程中的所思所感

做一做，在行走过程中通过拍照、分享、互动、答题，加深学习印象和体验感受

"七个一"学习指导

这"五个一"学习资源和"七个一"学习指导，科学引领了学习准备与学习过程，让参学者真正有条件慢行、细看、深品，以此方式来看申城、读人文、品历史、振精神，通过感受人文积淀，让建筑真正做到可阅读，让城市具有人文温度，从而激发终身学习的创新活力，提升城市市民的思想水平。

②精心编制"人文行走"学习手册

"五个一"学习资源中有两项工作是"人文行走"项目每年的固定"动作"。这两项工作是：制作一份行走地图，供学习者在行走中参阅；编辑一本学习手册，供学习者边走、边看、边记录。

《上海市民终身学习"人文行走"学习手册》凭借精美的图片和大量可视化信息，强化了行走活动支持服务体系。这本地图手册被人们亲呢地称为申城市民终身学习的"贴心小秘书"和"随身小百科"。以下以2019—2021年为例，介绍学习手册的内容。

2019版——推荐特色主题线路

2018年，全市有11个区推进"人文行走"工作，完成"人文修身"学习点设置。在市教委、市文明办指导下和各区教育局（学习办）、文明办积极参与下，工作小组办公室及秘书处开启了学习手册编辑工作，负责文稿资料收集、整理、编撰和版式设计。

2019版的手册作为2017年、2018年开展"申城行走　人文修身"活动的成果汇编，包含所有参与者的努力和经验积累。整本手册信息详实，图文并茂，囊括了上海市11个区的"申城行走　人文修身"特色主题线路推荐和73个代表性学习点资料，列举了红色印记追寻、名人旧居探访、百年工业之路重走、百年苏州河寻源、科创基因解码体验、非遗魅力品味、上海历史寻根、民居家风感悟等内容，形式丰富多彩，广受好评。

2019版"人文行走"学习手册

2020版——一区一色一主题

2020版的手册是2019年、2020年开展"申城行走 人文修身"活动的成果汇编。

2020版"人文行走"学习手册

2019年是"人文行走"增"点"扩"线"的关键之年,主题活动百花齐放,社会知晓度与影响力进一步提升。在2020版地图手册的内容设计方面,办公室和秘书处创新工作方式,进行"多方设计比较""多套设计方案比较",好中选优,使得地图手册展示更加美观大方、切合实用。

2020版共收录了2019年申报选取的来自16个区的19条主题学习线路和134个人文修身学习点,涵盖海派寻源、行走百年高校、红色永志、拾味南翔、人文新华、漫步滨江、文化高桥、盐都古镇、洋泾沧桑、江南贤韵、博物明志、生态宝岛等各区特色。

手册不仅延续了2019版详实介绍、图文并茂的风格,更在一年多来"边行走、边学习、边探索、边完善"的过程中,在多重层面上进行优化,吸引更多市民参与"申城行走 人文修身"活动。

2020版"人文行走"学习手册长宁区行走地图

　　在内容挖掘上，学习手册从各区丰富的历史人文积淀中选取精华，挖掘上海城市的社会、经济、文化、历史等各方面的深厚底蕴，为每一个人文修身学习点精心撰写"行前速览""行走档案""行走问答""关联学习"四类模块的丰富内容，突出强化了"人文"和"行走"的联系，更好引导市民在行走中"感受""感知""感悟"人文景观知识和文化思想内涵。

　　在编排构思上，手册按照上海行政区划，从人文景观、历史遗迹、教育文化、名人故居、独特建筑、特色街道等角度切入，为16个区定制行走主题配色，在画册的图文编排设计中保证一区一色一主题，辅以各学习点的实景照片，生动直观，调动学习者对在上海所见所闻、所思所想的记忆和体会，构成一个多彩的"人文行走""上海图景"。

　　不只如此，手册还在多维表现上进一步完善，实现对"人文行走"主题学习线路进行全景式和多侧面的观照。使得学习手册、行走地图、音频导览、视频观赏、"人文行走"小程序的关联更为紧密，让市民读文字品味历史、看照片欣赏建筑、听声音传播感动、观影像记录生活，一册在手，一气呵成。

2021版——"七个一"学习更便捷

2021版手册收集了2020年至2021年经过16个区申报、审核、筛选、修改、确认后的17条"人文行走"主题学习线路、88个"人文修身"学习点。

该手册紧扣"七个一"学习指导，除了引导学、找、扫、问等动作，手册在每条"人文行走"主题学习线路的介绍开头设置了一段"线路索引"，让读者对学习线路有整体了解后，再介绍线路的亮点和背景情况；留一处空白的"行走记录"，供读者随手记录行走的时间、地点及所思所想，与后期感悟进行对照。

同时，2021版手册在设计排版上更加简约清晰。在每条"人文行走"主题学习线路的首页有"线路主题名称"和"人文修身学习点名称"，次页为学习线路地图及学习点大致方位，地图背后是每个学习点的具体地址、开放时间和收费情况；扫码即可链接到"'人文行走'支持服务系统小程序"，进行"定位导航"。不仅如此，学习者可通过手机扫码进入每个学习点的支持服务系统，参与"评论学习互动"，评论在通过审核后将被公开展示。

2021版"人文行走"学习手册嘉定区行走地图

2021版"人文行走"学习手册嘉定区行走地图

　　值得一提的是，2021版手册不仅延请名家对各区学习线路的名称主题予以润色、规范，还在88个人文修身学习点前面均展示了"静安诗词社"创作的诗词，每首诗词后面都有"人文行走"篆体印章，为"人文修身"学习点增加了亮眼的导学元素。

2021年特辑——红色"人文行走"学习手册

　　2021年是建党100周年，也是决胜全面建成小康社会第一个百年奋斗目标的关键之年。"人文行走"工作小组联合中共上海市委党史研究室，汇聚全市红色"人文行走"资源，在本年度推出红色"人文行走"学习手册。

　　在市教委、市委党史研究室、市文明办的领导下，在各区的积极参与、密切配合下，经过再发现、再梳理、再提炼，手册将上海的红色文化资源布局成点、集中成片、梳理成线，将全市10条"红色修身文明实践""人文行走"线路、64个"人文修身"学习点一一收录在册，凸显了系统性、完整性和层次性，呈现申城"红色主题鲜明、学习资源丰富、展现形式生动、市民参与广泛"的学习风景线、红色景观带。

③建立民意反馈监测制度

在"人文行走"组织策划中，关注学习者需求和学习后的反馈，以利及时调整、改善，使行走服务始终处于最佳状态，成为整个环节中重要的一环，是"人文行走"工作实施过程中始终关注的事项。具体的做法有：

一是举办征文活动。2018年，项目组织全市8万市民参与活动。为了了解市民的学习效果，当年，工作小组办公室和秘书处还专门组织了一次市民参加的图说行走主题活动，由每区遴选提交作品各10份。这样可以取得140份样本。从各区市民踊跃参与、佳作频现的状况来看，参与者的学习体验感普遍较好。

二是开展问卷调查。项目小组通过对市民进行问卷调查，征集市民建议意见反馈5000余份，为之后的工作方式方法优化创新积累了科学依据。

三是开通线上平台搜集反馈。微信公众号的开通和小程序的上线，以新媒体的方式完善了信息服务与数据支撑。通过市民分享的感悟和留言、导学志愿者的后台信息反馈，项目组可以及时掌握参与者的学习效果和主题路线行走体验，获得他们的批评或建议。

四是建立实时数据检测平台。2021年，根据终身教育发展规划，"人文行走"启动了反馈监测分析的"神器"——上海市民终身学习人文行走实时数据服务平台。

检测平台能够实时统计展示学习路线和学习点上市民参与学习程度、用户实时评论和感悟、市民参与趋势、主题路线市民兴趣分布图等信息。通过检测平台，"人文行走"工作能够进一步通过数据的整合和分析，迅速调整学习线路和学习点设置，以及鼓励市民挖掘身边的行走路线，让市民能够按照学习主题和自己的实际需求开展行走学习活动。

"十四五"期间，上海将利用这一平台，开展一次全市万人规模的市民终身学习监测。在各年度，则开展分人群、分行业的市民终身学习需求与能力监测，并定期向社会公布监测研究成果。

上情下达，下情上达，在构建立体学习通道的同时，"人文行走"工作也构建了与参与者、广大市民双向沟通的通道。由此而来的学习感悟、意见和建议，为"人文行走"工作提供了宝贵的数据，为工作的优化与创新进行了铺垫。

这些举措，实现了组织者与参与者之间的双向传递，在"人民城市人民建，人民城市为人民"双向互融理念的指引下，帮助"人文行走"更好、更优、更精准地服务于广大市民的终身学习。

④扩大外宣，放大"行走"效应

"人文行走"的运作中，对外宣传也是一项重要的工作。工作小组办公室和秘书处对于活动宣传一直不遗余力，鼓励在不同层面、以不同的方式对项目组织与项目活动开展宣传工作。

一是活动中的指导性宣传，大都围绕现场、围绕实际参与者进行。比如，在活动前期，通常会制作海报和易拉宝，在学习点、街道、社区、学校现场放置，造势、宣传。同时，也在线上服务平台进行推广。

二是活动后续的总结性宣传。大都利用新媒体等社交手段，既采用了参与者的交流分享，也是对社会面的信息扩展。比如，后续宣传中，组织者以上海教育新闻网、"上海市民终身学习人文行走"官方微信公众号等网上平台，通过文字、图片或音视频剪辑制作等技术手段，及时发布活动报道、参与者征文、组织者总结等内容，还在"人文行走"的一系列自媒体阵地上和粉丝进行分享交流，扩大了辐射效应。

三是社会层面的扩展性宣传。大都借助于各主流媒体对"人文行走"活动的报道与转载，进一步放大"人文行走"的社会影响与经验效应。这里面，既有《解放日报》《文汇报》《新民晚报》《新闻晨报》《上海教育》等官方纸媒，也有新华网、人民网、央广网、中国教育新闻网、上海发布、上海教育等主流新媒体。它们对"人文行走"工作的活动、人物、事件、经验、感悟和评述等进行了多方位、多维度的报道和转载，扩大了"人文行走"的成功经验和样本意义在全国的影响。

四是民间层面的个体性宣传。鼓励更多参与者，运用微博、微信、QQ群等自媒体发表观感与体验，在朋友圈展示各自的收获与感想，形成民间意见的交流平台。身处终身学习氛围浓郁的上海，每一个人都是时代故事的缔造者和讲述者。当学习者在"人文行走"的平台上分享自己在行走学习后的感悟、感想，就为他人和后人多提供了一个观察、解读恢弘历史的新切入点。无论是对学习者自身，还是对读到这些信息的读者来说，都会产生强烈的代入感，极易触发读者大脑形成视觉效果，情景相融，入脑更"走心"。

"人文行走"给了广大市民用脚步丈量城市历史血脉、亲手触摸上海文化底蕴的机会。无论是线下实地行走，还是在线上以VR等方式浏览学习、交流感悟，人人都成了"人文行走"的宣传者、上海历史文化和城市精神的传播者。

⑤重视盘点与表彰

"人文行走"工作十分注重每年活动的计划与总结。按照《通知》的要求和原则，工作小组每年年初提出当年工作的要求，制定项目明确、指标明晰的任务书，每年年底都会举行年度工作总结会，盘点市级工作落实情况，并评选表彰年度主题活动优秀组织奖、最具特色人文修身学习点、优秀导学志愿者，树立一批"人文行走"的工作标杆、先进典范。当然，也同步要求各区及时落实要求，及时总结表彰。以此为契机，分享创新做法，交流先进经验。

如，被评为2020年度最具特色人文修身学习点之一的中国证券博物馆，其场馆的软硬件设施和历史沿革资料符合"人文行走"学习点的建设标准。场馆还对博物馆志愿者队伍进行培训，考核上岗，以保证讲解质量，并组织举办"周恩来在上海红色足迹专题展""从浦江饭店到中国证券博物馆"等公众活动，弘扬了上海红色文化、海派文化。

"人文修身"学习点：中国证券博物馆

再如，一批来自虹口区的志愿者获得优秀导学志愿者的称号。他们在"文化三地"志愿者宣传教育培训中，植入了课程化的设计，其内容还被纳入"虹口区新时代大讲堂"的线上课程，发挥志愿者带头自学的示范效应，展现出以宣讲带动区域人文素养提高的风采，为"人文行走"项目带来了可借鉴、可推广、可复制的创新工作方式。

从设立标准到严格把关，再到盘点工作情况，树立优秀典型，进行表彰和经验交流推广，"人文行走"的工作流程每一环紧密相扣，相互支撑，构成完整的"项目链"，为"人文行走"的发展带来勃勃生机和不竭动力。

2020年导学志愿者培训

"人文行走"工作，巨细靡遗；五年磨得一剑，功在不舍。"人文行走"的活动体系，以其完整的架构设计、全新的管理思维和模式、明确的分工和清晰的制度，保障了各环节形成合力、有序运转，为各环节的互相衔接、同频共振，打下坚实基础，形成新鲜经验。

2019年"人文行走"活动

四、以人才为基础的"招兵买马"

人力资源是第一资源。学习型城市建设、终身教育落地、"人文行走"工作推进，都需要有工作队伍的资源。"人文行走"在全市铺开，需要维持数百个学习点、数十条学习线路的正常运作，仅依靠工作小组办公室和秘书处的少数人员及分布在各区的联络员，是远远不够的。没有充足的工作人员，就无法展开这么浩大的文化工程。

在新机遇、新挑战面前，"人文行走"工作小组仍然遵循了"统筹协调"的思路，突破传统行政藩篱，凝智借力，广罗"天下英才"，并且特别注重高水平研究力量和教育系统资源的发掘。

五年来，"人文行走"工作通过招才引智，组建由建筑、历史、教育等众多领域的专家和导师组成的跨界团队；以主题活动为导向，健全完善志愿者培训，大力培养高素质志愿者队伍；同时，在教育系统内部，一些关注"人文行走"丰富资源并积极开拓行走课程的教师，也在各自课程设计与实践中，成为实际上加盟的生力军，为"人文行走"的热潮起到推动的作用。不同层次的人力资源的整合，推动"人文行走"整体良性向上发展，"以城市和人的发展为基点、营造城市浓郁的终身学习氛围"目标得以实现。

2022年导学志愿者培训

1.招才引智,组建专家导师团

2018年,"人文行走"工作启动之初,工作小组就把招才引智作为重点工作之一,迅速组建起由9名专家组成的"人文行走"特聘专家导师队伍。

首批聘请阮仪三、陈振民、陆建非、田兆元、马尚龙、狄菲菲6位在各自领域具有社会影响力的专家为"人文行走"特聘专家;聘请周鹏、樊阳、朱震国3位教师为"人文行走"导师。

6名专家负责对所涉的专业领域提出专业意见,承担相关专业领域标准的制定,对各区"人文行走"申报的"人文行走"线路和人文修身学习点的建设计划提出建议,共同谋划工作发展,为"人文行走"工作建言献策。而在专家组内部,每年推选一名专家作为专家组组长,负责协调组织管理专家组工作,以使小组成员履行专家勤勉义务。

专家团队还为"人文行走"提供了大量专业内容。比如,不少为"人文行走"量身定制的音频内容,正是出自狄菲菲"领声"团队的手笔。

3名导师的职责包括参加联席会议,指导办公室对学习点上报材料内容进行审核、增删和润色,制定志愿者培训手册及相关内容,为志愿者培训进行指导,以及参与各区人文修身学习点的方案设计,促进工作推广等多个方面。比如,"人文行读"课程发起者樊阳老师,不仅常年带领学生开展行读实践,还在一线教师中培养了一大批推广"人文行走"的生力军。

这支跨学科"天团"为"人文行走"内容和路线设置的科学性、严谨性、趣味性,以及项目的持续性、人文性出谋划策、保驾护航。

博士生导师、文化遗产保护者、同济大学国家历史文化名城研究中心主任、中国历史文化名城保护专家委员会委员阮仪三

华东师范大学研究员，上海师范大学教授、硕士生导师，中国志愿服务联合会副秘书长，上海市志愿服务公益基金会理事长，上海市志愿者协会副会长陈振民

英语语言文学教授、原上海师范大学党委书记、中国跨文化交际研究会上海分会会长、中国陶行知研究会常务理事陆建非

民俗学教授、博士生导师、华东师范大学社会发展学院副院长、华东师范大学非遗传承与应用研究中心主任、中国民俗学会常务理事、中国汉民族学会理事田兆元

海派文化专家，编审，上海作家协会理事、散文报告文学专业创作委员会副主任，上海大学海派文化研究中心特邀研究员，民进上海市委文化传播委员会委员，上海黄浦区明复图书馆理事长马尚龙

国家一级演员、配音导演，上海大学温哥华电影学院客座教授，湖南卫视《声临其境》配音指导，上海迪士尼乐园声音导演狄菲菲

复旦大学党委宣传部原副部长、文明办副主任，澳大利亚国立大学访问学者周鹏

语文高级教师、上海外国语大学附属双语学校科研室主任、教育部全国模范教师、上海市教书育人楷模、"'人文行走'——行读万里"教育学习方式创办者樊阳

上海市特级教师、全国语文教学艺术研究会常务理事、上海市演讲与口语协会理事朱震国

对于"人文行走"，导师们说——

阮仪三表示："乡愁是什么？就是历史留下来的生活的痕迹。这个痕迹你参与了，你就会有记忆。你有了家，爱你的家乡，那就是爱你的祖国，家国情怀就在这里。'人文行走'所做的事情，就是为市民留住乡愁，在参与历史进程之中学习、奋进。"

陈振民认为："'人文行走'最大的特点是把读书学习与行走参观结合在一起，让学习者在行学之中学知识、感悟人生道理，提升民族自豪感和社会责任感。我们要通过'人文行走'，身临其境去感受、体验，把感悟成果带到我们的生活和工作中，把上海建成国际性大都市，最终实现中华民族伟大复兴！"

陆建非坦言："城市不仅是经济发展的主体，也是多元文化空间的构建载体。现代城市人的共识逐渐形成：唤醒千年之美，激发活力，赋予动能，为文化遗产实施美学重构，使其悄然渗透到城市成长的肌理中去，与城市共生共情。'人文行走'不仅唤醒了城市文化遗产，而且激活了这些历史遗存，使它们重新融入人们的日常学习生活之中，让市民诗意地栖息在大街小巷，成为文化的受益者和积极传播者，文化认同和文化自信也就自然而然地根植于心，践之于行。"

田兆元表示："上海是在繁荣的、不断生长的市镇群落的基础上发展起来的。某种程度上可以这么说，没有上海的古镇，就没有历史上上海的繁荣。上海的古镇在江南地区也具有独特的地位。从上海的古镇出发构建城市文脉，是上海文化品牌建设的一条重要路径。'人文行走'中有不少古镇路线，其实是触动学习者重新审视、发现上海古镇的历史沿革与文化价值，起到了发掘市民'家门口'学习资源的作用，在引发市民的学习热情的同时，也推动了上海文化品牌建设。"

马尚龙的说法极富诗意："一条马路，有自己的名字，就有了故事；有老房子，有了历史；有独特的建筑，又有了性格；有人文浸染，更有了境界。'人文行走'让一切记忆翻山越岭穿过悠悠的岁月，重新展现在学习者面前时，这个城市所包含的历史，就如同有了生命一般。很多人才发现，空间不止三维，第四维的上海，在记忆里，在成长里，在追寻中，在求索中，在爱里。"

狄菲菲说："在语文课上，我曾被琅琅动听、声声入耳的语句打动，如饥似渴地爱上了阅读，爱上了学习。'人文行走'让人们在行走中阅读这座城市，而我们所做的，是把这种特殊的阅读延伸扩展到数字平台上，用声音激发人们的学习热情，'声'临其境感受行走的魅力、感受这座城市的魅力，用阅读和学习收获幸福感。"

樊阳对"人文行走"有深刻的认识和感悟，他表示："'人文行走'将学习者带入真实情境，贯通融合观览现实与历史、未来人情和想象，激发学习者发挥身体知觉的认识能力，通过视觉、听觉、触觉的整体感知，最终与历史人物、现场师生展开全方位的互动交流。很高兴看到数以千计的导学志愿者带动上百万人次行走在传播人文火种的路上。每次行走看似点点滴滴的知识，将会汇成大海，最终形成真知和正知，让学习者受益。"

周鹏以《上海市民人文社会科学知识与素养调查报告（2021）》举例。"相较十年前，上海市民的整体人文素养又有怎样的变化趋势？调查显示，上海市民的整体人文素养比预期中更积极进取和崇德向善。在对一生中最重要的3项东西进行选择和排序时，把知识选择排在前三选项的比率对比2011年累计提升了12%，知识越来越成为上海市民更为看重的价值追求。'人文行走'就是让每一个学习者在行走的过程中，寻故事、长知识。一边是渴求知识的市民，另一边是挖掘、输出知识的新颖学习活动，两者双向奔赴，一定会擦出更多耀眼的火花。"

朱震国表示："课堂上，教师阅读文章时的语气、动作、神态，都让学生沉浸在文章描绘的环境之中，身临其境，去感受人文情怀，提升文学素养，享受文学的艺术熏陶。而'人文行走'不但让学习者沉浸在真实的学习环境中，更是通过展现学习点深厚的历史底蕴，将学习者带入到更广阔的人文'世界'之中，在浸润学习中让更多人看到了就在他们身边，却还未被他们发现的人文知识'新大陆'，因为学习而获得惊喜，惊喜不断出现就构成了幸福感。"

正如这些专家、导师所言，"人文行走"对上海城市历史、文化的学习是在传承中发展，在发展中丰富。上海城市历史和文明的智慧之火会永远照亮"行""学"之路，上海的城市品格和文化精髓通过"行"与"学"，在每一位学习者心里生根发芽，并在与时代的碰撞中不断抽出生命的新绿。

2.培训提升，组建高素质导学志愿者团队

志愿服务是城市精神品格的彰显，是都市人文情怀的诠释。

　　导学志愿者是城市文化、内涵、品质、特色最好的挖掘者和传播者。导学工作是"人文行走"工作的重要一环，直接影响市民行走质量是在"游"还是在"学"。

　　组建、发展壮大高素质导学志愿者队伍，是"人文行走"工作得以顺利开展的基本要求。志愿者或指导管理相应设施，或向人们讲授传播红色文化、历史知识，在各个学习点和学习线路上，发挥着极为重要的作用。这"十百千"工程中的"千"，即培训发动千名红色导学志愿者。

　　以红色主题学习线路导学志愿者和红色"人文修身"学习点导学志愿者为主体的千名志愿者集中培训工作不是小事。工作小组精心设计，采用了资源对接和分层培训的方式。

　　所谓资源对接，是发挥"上海市新时代文明实践综合服务平台"供需对接功能，依托社区学校和"上海市志愿者网"在线培训平台，对红色导学志愿者骨干开展线上线下培训，规范讲解流程和讲解内容，探索党史学习课程体系，加强团队经验交流，形成较为完整的学习、教研、服务供给一体化平台。

资源对接　分层培训

千名红色导学讲解志愿者培训方式

所谓分层培训，是先在6月份，组织举办上海市"人文行走"红色文化导学志愿者培训班。近50名"人文行走"红色导学志愿者代表参与线下培训，全市各区150多名学员全程参与线上同步培训。然后再由各区通过线上培训方式和导学志愿者代表"老带新"培训新进志愿者等方式，开展二次培训。活动孵化出超千名志愿者参与红色导学志愿者工作。

这次培训，充实了红色导学志愿者队伍，有力推动了各区聚焦红色主题，从历史、文化、建筑及人物等不同维度，将上海百年红色历程、革命记忆以行走的方式串联起来。在他们的导学帮助下，广大市民作为"行走的学习者"，一路寻访，一路学习，享受更好的助学体验。他们用脚步丈量上海的红色热土，用行走感知红色文化，修身之风在街巷间流淌，红色基因在行走中传承。

在"人文行走"中，导学志愿者担负着引领讲解、答疑解惑，激发学习者学习积极性，全程关注学习者状态的职责，是"人文行走"与学习者之间的"桥梁"，在"行""学"过程中发挥着重要作用。

"人文行走"的发展，离不开这些具备高度责任感，对每一场活

2021年千名红色导学志愿者线下培训照片

动都全力以赴的导学志愿者，他们在"人文行走"的沃土上辛勤耕耘，用汗水浇灌。当然，他们中95%以上的人表示，活动是教学相长的过程，他们从中收获不小，未来他们还要继续和"人文行走"工作相伴成长。

一场场热心真切的引领，一次次声情并茂的讲解，来自数以千计的"人文行走"导学志愿者的反馈，从另一个侧面真实反映出"人文行走"对学习者满意度、对活动质量和实效的重视。"好钢用在刀刃上"，"人文行走"将继续加大导学志愿者的培训力度，不断开拓发掘、延揽人才的渠道，打造一支高品位、高素质的导学志愿者队伍。

案例

徐汇南洋中学："二带一"结对助少年

徐汇区斜土街道新时代文明实践分中心组织的人文行走活动中，南洋中学"人文行走志愿团"，不仅为参加活动的同学们提供沿途的讲解服务，更是主动以"二带一"的结对方式——两名高中生志愿者携一位社区青少年，一同行走、学习。这些大哥哥、大姐姐志愿者们悉心照顾小朋友，及时帮助小朋友解决问题，护送自行回家的小朋友上车，在完成结对行走这件"头等大事"的同时，还用自己无微不至的服务，让社区小朋友们绽放灿烂的笑容。

教学相长，大孩子、小孩子在徐汇滨江沿岸脚踏旧石，寻迹铁轨，聆听上世纪上海沿江工业发展的历史故事，感受城市发展给市民生活带来的改善，更生出了对未来的向往，纷纷表示会以自己的实际行动去让这座城市变得越来越美好。

对于"人文行走"，导学志愿者说——

——"责任心是第一位的，"有导学志愿者表示，"我们带领广大学员一起实地参观人文景点，讲述相关的知识和历史，使学员们感受到祖国悠长的历史。如果安排妥帖，能起到非常好的学习效果。如果准备不周，尤其是讲解和引导不到位，安排不好，没能引起兴趣和思考，学员们就只是以为自己出去集体旅游了。其实，行走和社区学校的一些课程可以发生紧密的联系。要突出活动的学习性，作为导学志愿者，每次活动之前都要做好充分的准备。"

——"就我自己的带队经验来说，活动不仅提高了我的组织协调能力，还加深了我对上海这座城市的认识和了解，提升了我的文化修养，"有导学志愿者表示，无论社区学校，还是和学员之间的联系都在活动过程中明显增强了，学员的回答得到了回复，他们的积极性明显提高了，"这么多的老师、这么多场活动，学员的积极性不断提高，这对建设学习型社会有一定的促进作用。"

——有导学志愿者自己也对寓学于游的学习方式一直保持着新鲜感和好奇心，发现自己的努力起到作用时，成就感"爆棚"。"机会难得，如果不是有这样的活动，我自己休息日就宅在家里看书。也正是借助在'人文行走'工作担任导学志愿者的机会，去了平常不太会去的地方，在准备中做了充分的了解，又能身临其境，参观历史古迹、红色基地，开拓了眼界，了解到不少书本中找不到的信息。此外，看到学员能因为我们的工作，获得比自己随意参观更多的收获和感悟，这种成就感是不能用经济价值去衡量的。"

——"第一，'人文行走'对于教师本人来说，是拓宽知识面的好机会，在准备活动的过程中，教师能接触到很多之前不涉及的领域，对自身来说也是一种锻炼。第二，教师面对的学员群体不同，文化程度也不一样，讲解方式、内容侧重点都要根据学员的具体情况进行调整，对教师来说是挑战，哪怕对路线的内容滚瓜烂熟，倒背如流，都还是根据学员的实际情况做准备，很锻炼人。第三，作为教师，还要考虑如何把工作做实做细，进一步维护'人文行走'的品牌效应，增强学员对城市的热爱，促进社会和谐，这考验教师在工作中的创造性和创新性。"

2018年"人文行走"摄影作品
征集活动优秀作品

为深化行走学习体验,推动"人文行走"活动进社区、进学校、进企业,服务各类人群,提高"人文行走"的影响力和覆盖面,2022年,"人文行走"工作创造性地设计出导学志愿者学习团"3+X"的学习模式,导学志愿者可依照不同情况灵活组合成各取所需的"定制菜单"。

"3+X"学习模式

一是线上学习模式。在线上开设"人文行走"直播课。导学志愿者通过视频、图片、历史资料等内容对学习点进行历史讲解,通过新老照片的对比了解上海城市的发展,并通过历史故事的讲述,提高市民的学习兴趣,还可以增加答题换取学习用品的互动环节,让市民乐于参与其中,增进学习转化率。

二是线下学习模式。又分两种模式。

指定模式:由主办方推荐线路(可从73条学习线路或各区推荐线路中选择)和行走学习形式,以及由与线路所属区域或线路属性契合的组织、单位、团体等进行行走推广,由线路所属区及导学志愿者具体实施的模式。

自主模式：由区负责单位或导学志愿者申报行走活动，要求提供参与人数限制、集合地方、集合时间、行走简介等内容，在"上海市民终身学习人文行走"公众号发起行走活动团员招募（如发起社区团购），市民通过微信公众号进行自由报名，参加自主学习团。

三是线上线下融合模式。通过结合摄影、小视频制作、传统文化、文学鉴赏等课程内容，在线上进行基础教学内容学习。市民通过线上直播，了解学习线路和学习点的基础知识和相关课程的基础学习，然后通过实地行走，深入了解学习线路和学习点，并进行摄影、短视频的现场实践和文学鉴赏课程的现场书评和朗诵，在课后进行线上作品交流体会。融合模式的行走模式，形成线上教学、线下实践、课后作品直播交流的闭环式学习模式，并通过学习线路和学习点这一载体具体开展。

"X"的学习形式是指：行走+课程（党课、摄影课、小视频制作课、文学鉴赏课等）；行走+传统文化（非遗、民俗等）；行走+阅读（书评、朗读等）。

这一导学模式，进一步丰富了市民终身学习和修身行动的活动载体，利用线上多元、交互、移动、整合等新特征，借助上海市民终身学习人文行走实时数据服务平台和智能技术（VR、AI）进行针对不同人群的行走线路和课程推荐，实现了线上线下的深度融合。

至2022年年底，上海已拥有一支6万多人的社区教育助学志愿者队伍。他们中既有扎根基层的普通退休职工，也有奋斗在行业一线的教师干部、在职白领，还有各级各类在校学生，这些成员中更有大批党团员。他们是"人文行走"活动的传播者、普及者，也成为推进上海学习型城市建设的新引擎。

不同于传统学校教育将教育者限定为专职教师，"人文行走"的导学志愿者是来自更广泛社会领域的"能人"，不仅有专职教育工作者、专业研究者，还有精通各种技能技艺的民间"达人"、经验丰富的文艺工作者。

这些导学志愿者，随时关注学习者的体验和感受，运用专业知识和技能为他们答疑解惑，引导他们深入学习、多加思考，实现知识传播、技艺传承、理念认同、精神升华的教育目标。"能者为师"是"人文行走"得以批量培育基层优质志愿者的主旨。

2022年导学志愿者培训

案例

黄浦："培育"与"借力"双向结合

黄浦区是共青团的发源地、国歌的唱响地和解放上海第一面红旗的升起地。区内的红色革命遗址遗迹有127处，爱国主义教育基地有30家，数量位居全市第一。黄浦区将培育建立"人文行走"导学志愿者队伍作为推动项目内涵式、生态式发展的工作重点，常抓不懈，通过整合内、外部资源，"培育"与"借力"双向结合的方式，建设黄浦区"人文行走"项目导学志愿者队伍。

黄浦区"人文行走"导学志愿者的培育工作由黄浦区学习型社会建设与终身教育促进委员会办公室牵头，社区学院负责具体执行志愿者培训。整个培训体系，通过整合内部资源，充分利用社区教育、终身教育体系内的有效资源，从社区教育教师体系中进行挖掘，主要采用"培育"的方式来建立导学志愿者队伍。

与此同时，他们还挖掘借力外部资源，发挥条块联动效应，在黄浦区公办中小学中，以黄浦区未成年人红色教育工作的开展为契机，发掘中小学教师队伍中的优秀人才作为导学志愿者，充实导学志愿者队伍。

此外，黄浦区还构建了"家—校—社"三位一体的志愿者队伍，来自不同层面的志愿者队伍，在不同条线推广宣传，发挥项目的辐射力和影响力，推动"人文行走"在黄浦得以生态式发展。

在培育内容和方式上，黄浦区多管齐下，将导学志愿者的培育与社区教育专兼职教师素养提升、课程建设相结合；与中小学社会实践及德育课程建设相结合；与市民学习基地的服务能级拓展和自我发展相结合，通过各条线自身工作的开展促进导学志愿的培育；以导学志愿者的培育助力各条线自身工作的开展，建立起多条块联动，多方位共赢的志愿者培育机制。

黄浦区"人文行走"导学志愿者培训

案例

虹口：文化三地选"能人"

作为上海红色文化旧址遗址最密集的区域之一，在红色文化与海派文化相互交融的虹口，革命遗址遗迹、历史名人故居众多。为了弘扬红色文化和海派文化，从2020年6月开始，虹口区多次发布"人文行走""文化三地"志愿宣讲团招募令，经过多轮培训、面试，筛选"能人"志愿者。

其中，左联会址纪念馆打造的"海上旧里"解说团，由10名退休党员组成，平均年龄达65岁，常年在多伦路为居民和游客介绍多伦路的百年风云，包括在此生活、工作和战斗过的众多文化名人，以及原汁原味的"海上旧里"故事。此外，志愿宣讲团还以团队合作、挂职锻炼的方式，培养大学生志愿者。这些志愿来自群众、服务群众，用老百姓听得懂的语言，通过小故事讲出大道理；让市民通过一场场丰富多彩的活动，不断实现从文明实践到实践文明的嬗变；让虹口"文化三地""人文行走"愈发接地气，真正成为"在基层、入户、走心"的新模式。

虹口区"人文行走"活动

3.学校教育，教师队伍资源妙用

在"人文行走"学习者主体中，除了一"老"（退休老年人），还有一"小"（在校学生）。学校教师群体，也在充分利用终身教育的"人文行走"学习资源中，发挥了很大的指导作用。

如前所述，"人文行走"特聘导师樊阳、周鹏、朱震国等人在倡导与实践、教学与研究方面作出了重大贡献，而更多在校老师也结合课程教育和思政教育，付出辛勤的劳动，为"人文行走"的盛行起到了推动的作用。

①"行走"资源反哺课堂教育，红色血脉处处赓续

凝练教育内容，把学习资源"课程化"，持续提升行学效果，让主题教育形成学生能够接受、欣然愿学的常态，也是"人文行走"一直在思考和探索的重要命题之一。红色血脉的赓续不仅在行学的步履之中，也可就"行""学"之后的思考和收获的形式，反哺课堂教育。

在杨浦5.5公里滨江岸线的百年工业区域内，有着16座老建筑，这些老建筑的背后都承载着浓郁的历史印迹和红色基因。从百年前的兴盛，再到如今的涅槃重生，这正是一幅党史、新中国史、改革开放史和社会主义发展史的长篇画卷，也是开展党史教育最鲜活的载体。

> **案例**
>
> #### 平凉路三小教育集团"相约星期一"
>
> 平凉路第三小学教育集团的"相约星期一"系列课程和学习活动，将红色文化学习、爱国主义教育与杨浦百年工业主题较好地结合在一起，形成了一系列教学成果和"人文行走"实践成

果。

每周一下午，平凉路第三小学教育集团的年轻党团员教师们，都会走进集团内的五所小学，讲述关于杨浦滨江的"红色故事"。平凉路第三小学教育集团的五所成员校大多数地处杨浦滨江，走出校门，就能在杨浦滨江寻找到众多百年工业和红色印记。但这不只是得益于"近水楼台"、能用脚量"家"与"红色文化"距离的地理优势，更在于教师在参与"人文行走"之后的思考，以及对学习内容、学习感悟的提炼和浓缩，在精华之中再次提纯精华。

杨浦区"人文行走"，杨树浦发电厂新旧影像对比

"1941年，17岁的王孝和在党组织的安排下来这里工作……后来在同国民党上海反动当局的斗争中被捕，最终英勇就义。"建设小学的杨学梅老师在讲述王孝和的故事时，从杨浦滨江的杨树浦发电厂讲起。杨树浦发电厂最初由英国商人投资建成，到1924年，已经成为当时远东第一大电厂。杨学梅告诉孩子们，英雄的故事，是和杨浦的百年工业历史紧紧联系在一起的。

英商怡和纱厂里王根英和恽代英烈士的故事，新中国成立前夕杨树浦水厂里发生的"护厂运动"，临青学校里为抗日作宣传的孩子剧团……这一个个红色故事，被像杨学梅这样的青年党团员老师娓娓道来。28位青年党团员教师，通过走访、记录和用心备课，群策群力策划了16节内容不同、形式不同的红色课程，走进各成员校，和孩子们"相约星期一"。

让旧址遗迹成为"教室"、让文物史料成为"教材"、让英烈模范成为"教师"，青年教师们从"走百年工业之路"和"寻红色信仰之源"两个角度去挖掘、寻找杨浦滨江留给世人的红色印记和革命精神，在自己有所收获之外，还将红色血脉传给了下一代。

②"行看说绘"多维参与，在实践中感悟真知

教育家陶行知先生提出的"教学做合一"的教育思想已经得到普遍认同。当下，人们意识到了学习理论中去动手操作，知行合一、手脑并用的重要性。"人文行走"注重激发人们在行走中打开五感，多维度深度参与学习探究，充分感受人文的魅力。

案例

黄兴学校："看变化""说变化""绘变化"

上海市黄兴学校举办的"人文行走"暑期活动就是从"看变化""说变化"等看、听、读、写、绘等多维度入手，以理论和实践结合、手脑并用的方式，促使学生深度参与学习、感悟真知。

出于防疫的要求，在"看变化——红色之旅人文行"阶段，许多学生选择了"人文云行"。有的学生来到李白烈士纪念馆，参观他的秘密电台，倾听永不消逝的电波；有的学生"身临其境"，

"走"进上海理工大学、复旦大学校园，感受浓浓的学术氛围；还有的学生在学习了各类历史知识、文字资料后，被上海印刷博物馆这座历史建筑深深吸引。另一批学生则与父母牵手，来到杨浦滨江工业地区实地循迹，感受时代变迁，感悟初心使命，学习"人民城市人民建，人民城市为人民"重要理念。还有的同学走进中共四大会址纪念馆，重温中共建党初心，在石库门的小楼里，体会先辈们的革命热情与爱国情怀。

学生们在走访学习点后，迫不及待地将收获制成视频，向同学们介绍自己发现的历史瑰宝。在"说变化——伟大成就我宣讲"板块，"小小宣讲员"层出不穷。这些"小小宣讲员"拿起话筒，一边展示自己制作的电子幻灯片，一边满含激情地讲述分享。这些红色场馆不仅是展陈之地，更是为学生当下和未来提供启示与动力的精神引领地。学校大队部则通过梳理学生作品，评选奖项，激励队员，以此巩固学生的学习成果。同时，学校还以"兴美小讲堂"为载体，开设分享专场，让此次活动效果最大化。

在"绘变化——最美祖国我点赞"板块，同学们拿起画笔，从线上、线下所看到的杨浦巨变汲取灵感。一幅幅富有时代气息、充满童趣的画面，记录着杨浦滨江从过去到现在发生的翻天覆地的变化，也承载着同学们在见证"家门口"巨变之后的兴奋与惊喜。

当学习渐入高潮，学校趁热打铁，在校园展板、公众号、专题画展等各平台，大力宣传学生们在暑假"人文行走"的习得成果，培养和巩固学生们的心、行、志，以及对祖国热爱与向善、向美的情怀。

"人文行走"工作的推进过程中，专家导师团队、专业导学志愿服务团队、学校教师团队三支团队，起着不同的作用，相互结合、相互补充，形成合力。

专家导师团队起着指导把关作用，为"人文行走"工作的实施推广，提供了质量和水准的保证，并且推动了活动的社会影响力的扩展。

专业导学志愿服务团队起着普及宣传、服务项目的作用。他们以各自的奉献精神和专业特长，积极投身于终身教育事业，向市民提供各类人文导学助学服务，成为项目运行工作机制中的重要环节。他们持续给市民提供公平、优质、泛在的终身教育服务，让终身学习积淀为城市精神的品格与底色，为实现上海奋力迈向全球卓越的学习型城市，默默贡献自己的力量。

学校教师团队则起着用好资源、扩大受益人群的积极作用。他们立足学校课程教学，充分整合社会资源，为在学生中践行社会主义核心价值观、发扬中华优秀传统文化和开展"四史"学习教育等，打开了新局面。他们在事实上成为终身教育的加盟力量。

三者的结合，使得"人文行走"从计划制定、方案设计到组织实施、平台建设、服务支撑，乃至受益人群的普及等，得到全方位的保证。

回顾行程，"人文行走"建立两支人力资源团队和吸引一支教师队伍加盟的思路与实践本身，也给人们带来丰富的启迪：只要转变了思想和观念，掌握了统筹协调的机制和原则，那么，就可以"无中生有""要人有人，要枪有枪"，这样，队伍才会壮大，事业才会发展，梦想才能行稳致远。

五、以数字化为乐谱的时代音律

数字化转型是上海"十四五"经济社会发展主攻方向之一，也是超大城市治理体系和治理能力现代化的必然要求。在数字中国建设的整体战略下，上海数字化转型已经在生产、生活、治理三大领域全面展开。这是适应社会发展的需要，上海应主动迎接、主动投入。

"人文行走"工作多年来坚持对数字化的创新探索、生动实践，对擘画教育数字化转型的"上海方案"、助力共建泛在的智慧教育新生态、为上海建设以数字化为支撑的高质量教育体系提供了有益的实践与经验。

1."数字化学习"的政策驱动

2016年9月，上海市教育委员会、上海市学习型社会与终身教育促进委员会办公室印发关于《上海终身教育发展"十三五"规划》的通知，对促进市民数字化学习，提出明确要求：

开展数字化学习技术应用培训，提高广大市民的信息化素养和在线学习能力。大力发展以互联网为载体、线上线下互动的终身学习。开展大规模网上主题学习活动，建设网上学习圈，促进协作学习、互助交流和成果展示，培育市民学习共同体。逐步探索市民网络教育新模式，加快形成以开放、共享为特征的市民终身学习新模式。

同年，市教委在"上海市终身教育工作要点"中，具体布置了当年"数字化学习"的任务：

以互联网思维构建社区教育数字化网络学习资源，进一步体现便捷性、丰富性和友好性，探索微视频、微讲座、微课等灵活多样的学习模式；重点发展新媒体、中心教室、学习港、移动终端等信息化学习模式；延伸数字化学习的服务平台，增强"上海学习网"等终身学习数字化平台的用户体验度和学习互动性。

政策的指导与实践的场景表明，数字化正以不可逆转的趋势改变人类社会。数字修身时代，澎湃而来。

"人文行走"工作在起步之际，便置身于互联网的时代，成为数字化大潮中的"弄潮儿"。

2018年发布的《关于开展"申城行走 人文修身——上海市民终身学习'人文行走'"工作的通知》，在明确使命、体制、任务等的同时，对于如何在"人文行走"项目中开展数字化教育的建设，也提出具体要求：一是在"推动申城'人文行走'工作进社区、进学校、进企业"之外，还要"进网络"；二是建设"人文行走"网站以及同名微信公众号；三是"充分发挥互联网、新媒体的作用，总结和传播行走学习中的典型案例，多渠道、多形式推广学习链和学习圈中的精品线路、区域标杆"。"人文行走"工作顺应时代变革，在不断拓展、整合线下公共文化资源之际，也在数字化上持续发力，新招频出。

现在，市民可以足不出户，通过电脑或智能手机的线上展示、在线预约、虚拟体验、小程序打卡、微信互动、直播论坛等渠道，从多个视角，直观、生动、立体地了解上海的历史文化、建设成就。可以说，"人文行走"工作的数字化应用是群众最关心、最直接、最受用的生活数字化应用之一，能够让市民切身感受到城市数字化转型带来的实际成效。

从另一层面来说，市民能够便捷地体验在线、数字化的"人文行走"，也是上海教育界大力推进数字化转型带来的新变化、新成果。

因为，上海有一个奋斗目标——到2023年，上海将建成全国教育数字化转型标杆城市。

2."人文行走"数字化学习的实践

自项目启动起，"人文行走"便展开了市民数字化学习的建设。作为重要标志，2017年7月，"申城行走　人文修身"上海市民终身学习人文行走工作推进会发布了"申城行走　人文修身——上海市民终身学习人文行走"网站和"上海市民终身学习人文行走"微信公众号。

五年来，除定期推送内容之外，网站、微信公众号与行走地图、学习手册等共同组成了较为完善的行走学习支持服务体系，尤其是在充实微信公众号、实现学习点嵌入式扫码和开设"空中课堂"等方面，扎实推进，成绩斐然。

①洞察时代之眼, 精心打造"三微一端"

"人文行走工作"微信公众号自开通以来，一直围绕"申城行走 人文修身"主题，每周四晚6点准时推送4至8篇推文。头条是"人文行走"线路图文攻略、声音导览等原创内容，其他为转发各区提供的"人文行走"通讯稿。

而现在，微信公众号已实现扩容，它也从以单纯的资讯推文为主逐步发展为集"人文行走"活动资讯、人文知识传播、主题线路和学习点推介、音视频和直播链接学习等于一体的多功能的自媒体传播主阵地。

"上海市民终身学习人文行走"微信公众号菜单栏设有"人文视野""人文行走""行走品趣"三个板块。

　　"人文视野"板块囊括了图文导览、语音导览、视频导览、VR全景及人文知识。市民点击链接，即可从文字、音视频、VR等不同维度进行学习、了解各学习点位。

　　"行走品趣"板块主要为市级主题活动及全市16区的"人文行走"风采展示。

　　而"人文行走"板块的"人文行走"小程序，则是自媒体传播主阵地"升级"的成果。2019年，"人文行走"工作办公室自主开发的小程序上线，与微信公众号联通，形成了承载数字化学习内容、衔接线下活动的新主体。小程序将地图定位功能与学习打卡、学习点和学习线路介绍、系列音视频播放等功能相结合，并融入直播课堂、VR全景游览、在线问答等新功能。

　　一方面，开发运营微信公众号、小程序等专门的手机自媒体学习平台，通过数字化平台有效利用和共享各类学习资源，适应市民和不同人群碎片化学习的习惯，以及发表分享行走感悟、拍照打卡的网络使用习惯，满足个性化学习的需求。

　　另一方面，线上学习通道的开辟，对线下学习资源起到了支撑作用，延伸了学习点和主题线路的影响力，在全市范围内引导市民寻找、发现、参观、记录、体验、分享，"感受""感知""感悟"学习点位的人文景观和人文知识。让参与者站得更高，看得更远，"人文行走"工作的服务性、互动性功能也因此被不断放大。

　　"人文行走"对线上数字化的探索一直在进行中。为了突破传统片段式学习的方式，打造体验式、沉浸式的对多元课程知识的系统学习，"人文行走"工作深入挖掘行走学习点学习元素，融入思政课程、历史文化、艺术鉴赏、科普课程、非遗传统文化等多元知识，最终将一个个行走学习点、一条条行走线路，变成一个个"移动"的"课堂"。知识的学习、技能的提升、文化的了解、审美的体验、情感的培养在移动数字课堂中融为一体。

②嵌入式学习，"扫码"尽显便民服务

"人文行走"学习者中，"银发族"占据很大部分，如何帮助他们消除"数字鸿沟"，以方便简捷的方式参与线上线下的学习场景，成为"市民数字化"的重大课题。

将线上数字场景嵌入线下学习点、主题线、学习圈，让学习资源遍布行学之路，除"处处可学"之外，还可让参与者"各取所需"，对自己感兴趣的内容深入探究，在"泛在可学、人人皆学"的基础上充分发挥学习者的主动性，做到有教无类、个性多元。

在多场红色"人文行走"活动中，专业导师和志愿者带领老年市民，参访红色主题场馆、爱国主义教育基地等"人文修身"学习点。从活动参与者的反馈中发现，老年参与者不仅深切感受到红色文化的魅力，还掌握了线下活动结合线上平台学习的方式和"五个一"学习资源、"七个一"学习指导的"标配"。

人文修身学习点现场经过建设，大量设置二维码标志。市民用手机扫码就可在微信端浏览学习点的建筑、历史、名人轶事等各种信息。不少老人学会了扫码、打卡分享等技能，喜不自禁。

经常参与"人文行走"的忠实"粉丝"还发现，学习点定制的音频、视频和VR系统，内容紧贴学习点本身风格，各不相同。红色景点铿锵有力，人文故居轻松舒缓，新兴文化生动有趣，用高雅的审美情趣和品位彻底激活参与者的学习动力。

　　优美而富有上海文化特色的学习环境，让参与者忍不住"美美共享"，从文化景观打卡、建筑场景互动，到学习点文化传播、人文故事分享，线下学习点与场景的在线联动，使学习过程本身成为可即时分享的"美事""美图"和美好学习记忆，让人文情怀和文化魅力在"人文行走"学习过程中得以彰显。想要深入了解上海城市文化魅力的民众，在行走之间不知不觉就融入这座城市，形成认同感和归属感。

案例

长宁：市民修身云课堂

　　长宁创新性地推出了长宁市民修身云课堂，将线上线下修身活动有机结合，开展实时一对多云视培训，实现优质资源的倍数效应，拓宽培训覆盖面。他们结合图文、视频与在线学习要素的配套建设，专门出版"人文行走"教材《走进长宁老洋房》、编制"市民修身地图"，让市民能够按照学习主题或者学习需求在"人文修身"学习点开展学习活动。

　　同时，数字长宁还推出了相应板块——"人文行走"学习之"走进长宁老洋房"，着重介绍了长宁区愚园路（西段）、新华路、虹桥路（中段）上有代表性的老洋房，展示了那些老洋房的建筑特色，介绍了特定历史时代的背景，强调了彼时彼地居住的革命先驱、文化名人、社会贤达等的事迹，留下了那些人物在中国历史、上海长宁区历史上的重要活动轨迹。通过"人文行走"这一行走课程以及相关教材，学习者在行走的过程中不只是看看、听听，还要谈谈、问问，更可以想想、写写和辩辩，"人文行走"，俨然成为市民提高思想认识、修炼人格品行，城市促进文明建设的"有效路径"。

《走进长宁老洋房》封面

③助力老年人跨越"数字鸿沟"

由于"人文行走"参与对象和学习主体具有广泛异质性，项目从学习者的年龄、受教育水平、职业等维度进行多种分类，根据不同类型的人群的兴趣需要进行内容设计、安排对应的导学等。

对于精力旺盛的青少年，"人文行走"活动多设计动手和竞赛活动，以满足天性。而对于年纪大、反应较慢的老年学习者，"人文行走"不仅有意减少学习内容的密度，降低难度，放缓活动节奏，同时，还在行学过程中加入数字技术的传授、教学，帮助老年人在特定场景中打卡分享，在实践操作中跨越"数字鸿沟"。

"人文行走"每年开展的市民征文，摄影作品、短视频征集工作，在很大程度上鼓励老年人拿起手机和数码相机，学习各种信息技术和网络使用技巧。

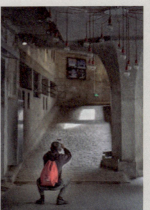

老年学习者"人文行走"活动

案例

黄浦：星光摄影

黄浦区将"请进来"与"走出去"相结合，在整合、优化数字学习资源基础上，依托星光摄影老年大学专业力量和智慧助老学习团队，通过覆盖全区的终身教育网络，开展百场与"人文行走"相关的老年数字教育进社区活动，为老年人拍摄肖像照，同步指导老年人学习手机摄影、扫码下载等实用技能，引导学习团队、社会组织等为老人提供技能辅导等服务，并为居委学习点增设"智慧助老"二维码，宣传老年教育资源，为更多老年人提供触手可及的数字学习服务。

案例

虹口："追光逐影读建筑"

虹口的"追光逐影读建筑——行走中的Vlog"主题"人文行走"活动，在行走中采用线上与线下融合的模式，引导学习者通过影像记录行走中的感悟，将1933老场坊与五大视频剪辑技巧融合，最终以视频来呈现这栋老建筑的美。参与活动的老年人占到了很大的比例。

1933老场坊的建筑融汇了东西方特色，整体为古罗马巴西利卡式风格，外方内圆的基本结构也暗含了中国风水学说中"天圆地方"的传统理念。"无梁楼盖""伞形柱""廊桥""旋梯""牛道"等众多特色设计融会贯通。不同季节，不同时间，不同角度，都可以领略1933老场坊不一样的风情，每一个人眼中都有不一样的老场坊，使之成为绝好的拍摄素材。

虹口区社区学院导学志愿者从"把伞形柱装入镜头——素材的导入方法介绍""牛道上的回眸——素材分割方法介绍""加点颜色的廊桥——滤镜的添加方法介绍""法式旋梯上的音符——自动踩点功能的使用介绍"到"花格窗前的定格——视频导出方法介绍"几个方面一边带领大家领略老场坊的特色，一边引导大家在行走的过程中剪辑、美化自己的视频。在行走中，学习者尤其是老年学习者不但感受到神秘海派老建筑的美学故事，还在具体情境中学会了拍摄、剪辑等制作视频手段，都迫不及待地将自己的作品分享到"人文行走"数字平台和朋友圈，与众多网友"美美与共"。

④新冠疫情影响，加速网上课程开发

在疫情常态化管理阶段，为满足市民在特殊时期居家学习的需求，上海市教委依托上海学习网，精心打造了上海市民终身学习云"空中课堂"，推出八大类线上精品学习资源，包括微课程6000多门、视频课近2000门、名家诗歌朗诵视频30个、"宅生活"休闲体育课程10门，以及网上体验基地、线上VR"人文行走"、健康大讲堂、科普防疫课程等，用户可以通过电视、电脑、手机等各种方式，足不出户在家学习。截至2022年9月，上海市民终身学习云"空中课堂"访问人数超过120万人，浏览次数近1800万次。截至2020年年底，上海学习网点击量突破亿次，注册人数达534万，在线课程逾3万门，创建网上学习活动300余场，网上学习团队达到8200余个。

停走不停学，"云行走"助力抗疫

2020年年初，新冠病毒肺炎疫情暴发。高峰时期，社会活动受阻。这时，先期布局的数字化建设平台就呈现出厚积薄发的态势，屡显奇效。

彼时，市民宅家抗疫，学生的课堂搬到"云"上，上班族开启了居家办公模式。为配合市卫健委的防疫抗疫要求，线下的"人文行走"活动暂时停摆。然而，整个项目并未裹足不前，而是根据市教委"停课不停学"的指示精神，改换轨道，在云端继续发挥作用，贡献着抗疫的力量。

"人文行走"工作的重点移至"上海市民终身学习人文行走"公众号、上海学习网等多个网上平台，并精心策划推出"宅家'人文行走'"系列板块。该板块通过现代化 VR 技术，将"人文行走"的学习

平台从室外转向室内，让市民在家动动手指，就能实现"看一看"（文字图片介绍、学习点VR全景、学习点线上展览等）、"听一听"（学习点音频介绍）、"想一想"（针对学习点提出的若干个小问题）。

VR全景沉浸式体验的"宅家'人文行走'"系列在短时间内推出了20多条"人文行走"在线学习内容，从黄浦的"海派黄浦，红色魅力"到杨浦的"重温百年民族制造之路"等，涵盖全市11个区，涉及73个学习点。市民在足不出户的情况下，"行"遍沪上各个学习点，享受线上人文知识学习服务。数字化学习，以其新颖快捷的形式、扎实丰富的内容、周到详实的服务，受到市民的好评和点赞。

据统计，2020年疫情期间，参与"上海市民终身学习人文行走"公众号学习的超2万人次，参与"上海学习网"空中课堂"人文行走"学习的约25万人次。

不仅如此，市教委精准捕捉到市民宅家学习的需求，提出要在直播领域释放影响力，在疫情期间开设"人文行走"系列直播空中课堂。经过紧密的筹划和准备，"人文行走"当年制作推出"走进金山嘴渔村""人文瀛洲，生态崇明""美丽乡村，闵行革新村""百年苏河，创意普陀"4期系列直播课程。市民们踊跃收看，在直播课堂中积极与主播互动。

> **案例**
>
> **金山嘴渔村第一课**
>
> 2020年6月3日，"申城人文行走系列"第一课，邀请了金山嘴渔村团队的周秋兰老师，带领大家在线行走，学习有趣的金山

嘴渔村人文知识。

　　课程在渔民老宅拉开帷幕，学员们的目光紧随周老师的步伐，从渔民家外厅辗转灶间、作坊间、内厅等，见识到了渔网、木饭盂、织布机、孩童立囤等日常物品。渔民生活场景跃然脑海之中。而在渔具馆，学员们不但了解了"镇馆之宝"青石碑的发现经过，还知晓了渔船的形态发展和舢板船的巧妙构造。而海蜇头制作过程展示因为和学员们的日常饮食联系了起来，让不少学员大呼有趣。而在"海渔文化馆"，通过讲解，大家对金山嘴从新石器时代到今天的数千年历史有了一定的了解，明白了上海为什么在古代被称为"沪渎"。

　　在聆听周老师风趣幽默的讲解的同时，每学习完一个人文景观，直播课堂主持人彭博老师都向在线学员们抛出一个关于金山嘴渔村的渔村历史、民风民俗、海渔文化知识的选择题，每道题前五名回答正确的学员能获得2张金山嘴渔村的门票，更是将课堂气氛推向了高潮。大家热情高涨，回答踊跃，最终有15位学员抢答成功。

　　获得"开门红"后，直播大课堂再接再厉，发展成为"人文行走"工作的品牌之一。2021年9月30日，"人文行走"直播大课堂推出"人文行走"系列课程"走进陈云纪念馆"，邀请青浦区"人文行走"导学志愿者、多次带领学习者赴陈云纪念馆现场参观的毛惠芳老师，在纪念馆开展一番"云行走"活动。

走进陈云纪念馆

陈云纪念馆内容丰富，但直播课堂"篇幅"有限。凭借丰富的经验，毛老师从中汲选重点，从业绩、文物、故居三大方面入手。在直播课堂上，很多学员系统地了解了陈云的业绩，他为民族独立、人民解放和新中国诞生建立不朽功勋，为社会主义建设作出卓越贡献，为开创中国特色社会主义道路发挥重要作用。从陈云所使用过的物品中，人们又看到了他在日常生活中清廉自律、情真意切、广学善思、情趣高雅的形象。而在陈云故居部分，学员们了解了陈云的身世，对其投身革命的敬佩之情油然而生。

人文行走直播课"走进陈云纪念馆"

不只是直播大课堂，各区和不少街道也在开展"人文行走"直播课的探索。新虹街道社区学校就组织开展了一场名为"探寻植物的奥秘——云游上海植物园"的直播课。学员们跟随中国首批插花花艺大师、上海插花花艺协会常务理事、副秘书长王路昌老师，上海新鼎邦艺术职业培训学校校长、插花花艺师杨洁老师两位重量级嘉宾的"步伐"，认识了不少见过却叫不出来的植物和一些引进的植物品种。两位嘉宾在介绍植物的同时，还与大家一起分享了大量家庭园艺种植技巧"干货"，从弹幕区的评论可看出，不少学员收获满满。持续近一个小时的直播课不仅开拓了居民的见识，让居民领略园艺的魅力，也在很大程度上提升了辖区居民参与生态环境保护和绿化建设的意识。

疫情期间特殊的"云课堂"，探索了行走项目直播课程模式，让市民安心宅家，工作、学习两不误，将居家生活安排得有声有色。直播课程凭借情文并茂的介绍、深入浅出的讲解、丰富多彩的内容，获得了广大市民的好评，尤其受到了老年市民的青睐。该项目因此获得了上海市老年学习团队特色课程奖。

"人文行走"的线上学习发展迅猛，尤其在疫情来袭时，成为主流教育模式的有效补充。

其中，杨浦区探索"云探游"，推出四个"百年大学"的学习活动。杨浦区少年宫线上"百年大学"主题实践馆，让参观者在"云探游"的过程中，对"百年大学"的特色课程和高校文化内涵有更多的了解。通过云探游、游中学，不少市民，尤其是学生，感受到新时代的大学在新媒介的平台上传递的知识的力量和光彩。海华小学五年级学生在老师的精心策划、组织和带领下，利用移动课堂，开展了"重温伟人精神"的云端红色研学之旅，在"行走"中触摸红色文化，在探究中体验革命精神，在学习中激发红色基因。在孙中山故居，学生们通过观看视频了解了伟人的足迹。屏幕中展现的一张张伟人的老照片，无一不在传递着"天下为公"的孙中山伟大革命精神；韬奋纪念馆的VR全景更是让学生们"身临其境"，一段段语音讲解让学生"游走"在历史长河中，将邹韬奋先生的精神深深印在心间。

大数据支撑, 科技赋能"云行走"

线上学习多维度的创新, 为行走学习提供了新的学习场景, 让疫情中的上海市民找到了学习的新途径, 为前行中的"人文行走"工作觅得了发展的新窗口。在线上, 不仅人人皆学, 而且时时可学, 丰富的学习资源, 动动手指就能获得。

据统计, 2020年, "上海市民终身学习人文行走"微信公众号推送40期推文, 包含原创线路、时事新闻、各区动态等, 编辑"三个百年""筑梦新征程, 寻脉人文行"专题页面, 每月新增订阅用户数为3000人, 小程序打卡约3万人次。

实际上, 科技赋能人文"云行走", 不只为疫情中的上海市民找到了学习的新途径、扩宽了"行走"的维度, 同时, 疫情之下的数字化抗疫"云行走""云课堂"也成为完善"人文行走"支持服务体系的契机。2020年至2021年, 在疫情之下, 组织方还通过大数据等模式了解市民真正的学习需求和方式, 从而进一步完善学习模式, 数字化运行日臻成熟。

2021年, "上海市民终身学习人文行走"官方微信平台建设主题页面, 将11条红色线路的多媒体学习资源加入"人文行走"小程序, 方便市民随时点击学习。不仅如此, 项目还以在线形式, 举办摄影作品和文章征集活动与"人文行走"直播大课堂等线上学习展示活动。丰富的线上内容, 极大满足了市民线上学习的需求。

2022年4月份, "人文行走"工作办公室联合虹口区社区学院"人文行走"教学团队推出了"云行走"+"云课堂"的新模式, 选取外白渡桥、上海大厦、中国证券博物馆3个学习点, 连续3个月, 开设12节线上云课堂, 累计超万人次观看直播。此次云课堂, 将建筑摄影、美术及短视频制作融入课程教学，开发了一套"三大模块十二个单元"的特色课程资源，将单一知识点转变为多种知识点融合，通过线上直播的方式带给市民，让市民能够在摄影、美术、短视频的不同世界中，足不出户享受到虹口优质的"人文行走"资源。

线上知识竞赛，"以赛促学"热情高

"人文行走"工作线下线上联动"咂劲"精彩纷呈，不限于云端行走、直播行走。"人文行走"的打卡定向赛、线上知识竞赛也吸引了人们前来打卡，一试身手。

> ### 案例
>
> #### 长海路街道：不忘初心再出发 百年市政展新姿
>
> 2019年暑期，长海路街道辖区100余名青少年共同参与了"不忘初心再出发 百年市政展新姿"长海路街道2019行走百年市政文明定向赛活动。活动分16个小组，以百年市政"江湾历史文化风貌保护区"的重要组成部分杨浦区图书馆新馆为原点，延伸出中国武术博物馆、海军军医大学校史馆飞机楼、上海体育学院绿瓦大楼3个任务分点，通过定向在线打卡知识答题及线下线上小游戏的方式，让百余名青少年在行走中品读百年市政这张杨浦文化的名片。陪同孩子的家长在赛后留言表示："参加此次定向赛活动，才知道周边隐藏着那么多的学习实践资源，这次活动很有意义，让孩子们了解了许多关于自己生活的社区的历史知识。"

> ## 案例
>
> ### 奉贤：云游贤城　精彩无限
>
> 奉贤区推进学习型社会建设与终身教育指导委员会在疫情防控常态化背景下，在"人文行走"活动的基础上，连续开展了多期主题为"云游贤城　精彩无限"的线上"人文行走"暨知识竞赛活动。
>
> 在第一期活动中，组织方通过微信公众号推文让参与者在行前速览、阅读行走档案"热身"。正是通过推文和竞赛，不少用心的参与者了解了坐落于奉贤新城的九棵树（上海）未来艺术中心，中心拥有恢弘大剧场、先锋实验剧场、星光小剧场以及两个室外剧场，包括可容纳2000人的森林剧场和与主水景相连的水岸舞台。参与者正是通过在线了解南上海的文化中心与艺术地标，在与网友的比拼切磋中，打开了了解奉贤新城发展的窗口。
>
> 让市民足不出户开展线上游览、了解奉贤丰富的文化内涵和历史积淀，以及未来发展方向，竞赛因此取得了众网友的好评反馈。不少聪明的"网友"还指出，这样的知识竞赛在一定程度上起到了以赛促学增本领、以学促用提效能的作用，为区域发展吸引了人气，树立了口碑，对未来招揽人才、推动经济发展有所裨益。

"人文行走"短短的五年内，就在申城营造出普惠多元、泛在可选的终身学习环境，为上海学习型城市建设与发展积累了宝贵的财富和经验。

毫无疑问，"人文行走"为上海转型成为国际学习型城市增添了浓墨重彩的一笔。扎根本土、有教无类、个性多元的"人文行走"已成为上海市民终身学习的重要途径之一，是上海市终身学习、市民修身的重要组成部分，极大激发出市民对上海的热爱和建设上海的热情，更从侧面反映了上海城市发展中的人性尺度和包容宽度。

"为什么大家喜欢上海，把它称为'魔都'？正是因为通过学习，我们形成了一个城市的文化，把大家凝聚在一起。城市的学习力就是我们整个城市关键的软实力。"原上海市教委副主任倪闽景这样说。

第四章

CHAPTER 4

新益求新："人文行走"的航向任务

- "人文行走"的航向指引
- "人文行走"的重要任务

申城行走 人文修身

在讨论"人文行走"的创新探索之前，有必要回顾一下"人文行走"工作在牢记崇高使命、践行服务城市文化战略方面所获得的强力的支持和鼓舞。

坚持政治站位，自觉学习贯彻习近平总书记的系列重要讲话精神，对标文化建设伟大工程的要求，服务城市文化战略，牢记终身教育的崇高使命，是开展"人文行走"工作的根本遵循。

一、"人文行走"的航向指引

一个城市的定位、特征和风格，通过各种层面得以体现。塑造上海城市精神，提升上海市民的文化素质，是写入上海市党建与城市发展文件的指标性要求，也是对于上海学习型城市建设与全民教育推进的一项主要任务。正是为了贯彻这样的精神，上海终身教育相关部门才有决心按照习近平总书记的重要讲话精神，提升对于创建终身教育新形势的思想高度和时代重任的认识，自觉履行使命，追求卓越。

党的十八大以来，习近平总书记多次就保护中华优秀传统文化遗产、革命历史资源和城市文化记忆发表重要讲话，提出"要保护弘扬中华优秀传统文化，延续城市历史文脉，保护好前人留下的文化遗产。要结合自己的历史传承、区域文化、时代要求，打造自己的城市精神，对外树立形象，对内凝聚人心"。在全国"四史"学习教育活动中，习近平总书记在考察时指出："要充分运用红色资源，深化党史学习教育，赓续红色血脉。"

其中，他在上海发表过两次有着重要现实意义和深刻历史意义的讲话。

党的十九大闭幕仅一周，中共中央总书记习近平带领其他政治局常委，专程从北京前往上海和浙江嘉兴，瞻仰上海中共一大会址和浙江嘉兴南湖红船，回顾建党历史，重温入党誓词。他谆谆叮嘱："一定要把会址保护好、利用好。""建党时的每件文物都十分珍贵、每个情景都耐人寻味，我们要经常回忆、深入思索，从中解读我们党的初心。""上海党的一大会址、嘉兴南湖红船是我们党梦想起航的地方。我们党从这里诞生，从这里出征，从这里走向全国执政。这里是我们党的根脉。"

第二次是在2019年11月2日，党的十九届四中全会刚结束，习近平总书记就来到上海考察城市社会治理工作。他在上海杨浦滨江"生活秀带"考察时指出：

"文化是城市的灵魂。城市历史文化遗存是前人智慧的积淀，是城市内涵、品质、特色的重要标志。要妥善处理好保护和发展的关系，注重延续城市历史文脉，像对待'老人'一样尊重和善待城市中的老建筑，保留城市历史文化记忆，让人们记得住历史、记得住乡愁，坚定文化自信，增强家国情怀。"

他还在此进一步提出了"人民城市人民建，人民城市为人民"的理念。

这些指示，论述精辟、内涵深刻、思想精深，体现了以习近平同志为核心的党中央对历史文化遗产保护、利用的高度重视，对革命文物资源传承红色基因、激发爱党爱国热情之独特价值的深刻认识，对城市历史文脉之创造性转化、创新性发展的殷切期望和对"以人民为中心"的发展理念的庄严承诺。

习近平总书记的这些重要讲话，是对新时代社会主义城市文化建设工程的最好总结，为上海正如火如荼地开展着的"人文行走"活动作出了正确的指航。

使命在肩，笃行不怠。上海"人文行走"的组织者们牢记"人民城市人民建，人民城市为人民"的宗旨，将习近平总书记在沪的两次讲话看成对上海城市历史文脉的保护与利用——也包括了对"人文行走"工作的特色与作用——的高度肯定和最大勉励，以新时代上海人善于整合资源、敢为人先的创新精神，以优质资源+优质设计+优质服务等组织管理上的精细化、精准化的操作，创建终身教育在上海城市文化发展中的又一优质品牌。

二、"人文行走"的重要任务

"人文行走"开展的五年，是党和国家频频推进文化建设新举措的五年，也是上海城市文化建设频频发力的五年。

"人文行走"以准确的站位、创新的模式和精准的服务，自觉地将自己融入这一大局。有了大视野、大格局，才能同频共振，做出大成绩。

弘扬与传承红色基因，离不开顶层制度设计和日常有序管理。历届上海市委、市人民政府高度重视红色资源在传承红色基因过程中的重要作用。上海自2016年推出了党的诞生地发掘宣传工程以后，2021年又出台了《上海市红色资源传承弘扬和保护利用条例》，为红色文化搭台，为红色资源立法，为红色传承护航，全力守护好传承红色基因的重要阵地和中国共产党人的精神家园。

2020年黄浦区
"人文行走"活动

在上海近年来出台的多份文件中，均提及"申城行走　人文修身"，"人文行走"成为由上海市委、市政府关注并布置的一项重要任务。

2021年9月发布的《上海市社会主义国际文化大都市建设"十四五"规划》中提出：

"健全以市民修身行动基地市级示范点为引领，覆盖全市爱国主义教育基地、科普基地、文化活动基地、志愿服务基地的市民修身实体阵地。"

"擦亮'市民修身书单'‘申城行走　人文修身’‘市民修身行动年度展示季’‘市民修身嘉年华’等品牌……引导市民群众修身律己、崇德明礼，从我做起、从身边做起，自觉维护公共秩序，塑造和谐社会关系，形成与上海社会主义国际文化大都市相匹配的良好市民精神风貌。"

根据这一规划，"十四五"期间，上海社会主义国际文化大都市建设将围绕新阶段目标，聚焦城市文化功能内涵，包括提升城市的文明程度、文化魅力、人文气息、核心竞争力、国际影响力、文化吸引力、文化治理能力等方面。中国特色、时代特征、上海特点，是申城文化建设的最大亮点和最新内容。

"人文行走"作为当下上海市民的重要生活学习方式，坚持以人民为中心的根本理念，从市民的实际需求出发，以上海城市的宜业、宜居、宜乐、宜游的良好环境为基础，五年磨一剑，夯实学习点的建设与宣传，连"点"成"线"，增"点"扩"线"，以"线"构"圈"，将各种公共文化资源组织整合起来，为市民所行，为市民所感，为市民所学，编织起一道道优美的行走学习风景线。

2022年2月，上海市教育委员会印发《上海市终身教育发展"十四五"规划》，提出为建成更高质量的学习型社会，完善普惠多元、泛在可选的终身学习环境，形成与社会主义现代化国际大都市相匹配的学习型社会和终身教育氛围，有效服务市民终身发展，对标《中国教育现代化2035》《上海市国民经济和社会发展第十四个五年规划和二〇三五年远景目标纲要》《上海教育现代化2035》和《上海市教育发展"十四五"规划》等重要文件，来制定本规划的具体内容。

其中，规划明确提出，"十四五"时期是我国开启全面建设社会主义现代化国家新征程、向第二个百年奋斗目标进军的第一个五年，也是上海在新起点上全面深化"五个中心"建设、加快建设具有世界影响力的社会主义现代化国际大都市的关键五年。新的环境和形势，对上海学习型社会建设及服务全民终身学习的高质量教育体系的率先构建提出新要求。

规划提到了要"不断深化市民终身学习体验基地、'人文行走'建设"，"使终身学习成为市民的生活方式和城市的精神内核"。不仅规定了"加强学习资源的共建共享"的工作任务与具体指标，而且还提出了要"提升市民对终身教育协同发展的获得感和满意度"的更高要求。

于2022年6月召开的上海市第十二次党代会，在报告中则更加明确地将"广泛开展志愿服务，大力选树先进典型，深化市民修身行动"作为大力推进城市文化建设的任务之一。

这是从市委层面，给予"人文行走"工作的最大褒奖、最好勉励。

上述文件表明，上海"人文行走"活动立足于新时代上海城市文化建设的大局，明确站位，高位对标，勇于"担负起新的文化使命"。它以高度的政治责任感和温暖的历史文化情怀，与上海城市文化建设和终身教育发展任务深度融合，大胆创新，倾情投入，再起航，再出发，用心打造"人文行走"特色品牌项目，坚定践行"人民城市为人民""将最好的资源留给人民"的理念，努力使之"成为市民的生活方式和城市的精神内核"之一翼。

在"人文行走"组织者的心目中，他们手上所操办的，不仅仅是为丰富历史文化知识提供行走场景或路线，更是站在时代高度，以坚定文化自信开展伟大工程，服务城市文化战略，始终牢记终身教育的崇高使命，与党和国家的重大任务同频共振。推出的主题活动，既与不断开拓"新圈新链"相关，更与党和国家及城市发展的重大内容相关。如2019年以来在"人文行走"学习点和学习线路上大力推广三大文化主题、2022年设计"五大新城"主题行大型活动，都可以在上海市第十二次党代会报告的论述中找到其设计思路的原点——

"红色文化、海派文化、江南文化是上海神韵魅力所在，必须充分彰显'上海文化'品牌标识度。"

"以全面推进城市数字化转型抢占制高点，以'五个新城'建设打开发展空间，不断构筑未来发展的战略优势，在危机中育先机、于变局中开新局。"

在此基础上，上海的"人文行走"工作取得了重大的成果、产生了广泛的影响。及时总结和再认识，有助于我们更好地认清客观规律，更好地再出发。

正如前文所述，"人文行走""行中学、学中行"的研学模式，无论古今中外，皆有广泛的文化影响和实践基础。董其昌的"读万卷书，行万里路"，影响历代圣贤的践行与演绎，留下佳作无数。中国文化的基因里因而有了读书、行走与人生之间相融相生的哲学精神与人文关切。

各地都有各自的文化遗存与红色遗迹。可以说，由于中国文化基因的影响，由于党和政府关于"留得住历史，留得住乡愁，坚定文化自信，增强家国情怀"的倡导，由于关于红色文化、关于旅行研学等系列文件的颁布与执行，由于民众"中国梦家乡美"的历史记忆和文化热爱，"人文行走"成为一种受普遍欢迎的学习形式，蔚然成风，涌现出众多案例。如北京国子监、厦门大学、陕西宝鸡扶风县图书馆的机构组织，或如宁波奉化锦屏成人学校的课程实践。它们都以"人文行走"的方式丰富了学习的样式和参与者心灵的感悟。

就以上述"天时地利人和"的条件来说，大多数也并非上海独有。新时代文化建设、学习型城市创建和终身教育发展这三股东风，使得"青山处处有啼鹃"，而非春风"只绿江南岸"。

即使在上海，"人文行走"式的"游学""研学"也早已存在。既有余秋雨先生在20世纪90年代至世纪之交，行读远征，先在国内考察中华文化的脉络，进而应凤凰卫视之邀、穿行中东南亚，考察世界文明，写下《文化苦旅》《千年一叹》等历史文化散文集，一时洛阳纸贵；也有樊阳老师在语文教学中尝试开设中学生行走研学课程，并在各地开设"人文公益读书讲座"，形成丰富经验，逐渐影响全国。

假如今天上海的"人文行走"活动只是重复着历史上"行万里路"与"读万卷书"的关系研究、特征论述，或组织活动，只是重复着那些个人或团体在"人文行走"路程中早已收获的成功经验或成熟体验，还只算是既有模式的翻版，远远谈不上有独创的新意。

那么，在人们"行读""研学"的一般理论、一般行为和一般形式之外，为什么说上海的"人文行走"是一种终身教育的"创新"，它究竟"新"在何处？

沿着前几章论述的铺垫和逻辑展开，我们能发现"人文行走"工作具有以下两个核心特征——

一是以资源整合为引领，建立统筹发展、协调推进的工作机制，在城市治理中长袖善舞、行动有力，开展打出"跨界"组合拳的组织体制创新行动。

二是贯彻教育理念、遵循学习规律，以全面建设市民学习资源支持服务体系的方式开拓"人人时时处处"学习场景的教育服务创新行动。

与之相对应的，是它拥有孕育在内、执行在外的两种意识——整体统筹的全局意识和专业精准的服务意识。

"人文行走"的特征及意识

1.协同高效合作,形成统筹协调机制

①整合全市资源,搭建管理框架

"人文行走"工作的成功之处还在于其统筹协调机制的创新能力。它是上海市两部门实行跨部门合作的产物。

市教委与市委宣传部精神文明办协作,建立上海市级层面统筹协调机制,共同整合教育、精神文明、区级等多个系统的资源,全过程、全方面、全领域发动力量,组建成全民参与、全组织行动的大学习圈,形成合力。这种通过省市级党政职能部门"跨界"合作来开展"人文行走"项目的做法,体现出城市治理与公众文化服务的新高度。

市教委拥有全市各级学校、市区两级教育部门和终身教育众多机构的行政资源,还受权承担起上海市学习型社会建设与终身教育促进委员会办公室的牵头协调功能,市精神文明办可获取全市宣传、出版、广播电视等系统的实体资源,并拥有区级精神文明办公室、新时代文明实践中心等下伸组织,还受权承担起协调全市其他系统精神文明工作的功能。两部门的强强联合,凝聚起全市所有的文化学习点等资源,并通过相应的办公室、协办组织、联席会议、专题会议等,建起发动、组织、推广、执行、宣传、反馈、交流、评审等更为广泛的工作联系,一呼百应,一杆到底,处处绿灯。

市级层面,依托市文明办协调团市委、新时代文明实践中心,联合市文旅局、人社局、体育局、旅游局、市容管理局、档案馆等学促委成员单位,通过"人文行走"秘书处发挥桥梁纽带作用,整体布局、

统筹协调，指定具体落地方案。区级层面，成立各区教育局牵头，多部门、多场馆、多单位共同参与的上下联动的工作机制。

例如，虹口区联合中共四大纪念馆、文史馆、鲁迅纪念馆、证券博物馆、抱朴美术馆、中国左翼作家联盟成立会址纪念馆等场馆，联合北外滩街道办事处、浦江海关、区消防救援总队分队、武警大队第四支队、复旦大学、北虹高级中学等企事业单位，统筹区域内优质红色文化资源，发挥协同效应。这涉及多个系统，若无领导体制的整合协调，难成其事。

在方案落实阶段，定期召开"人文行走"工作专责小组联系会议，力求做到统筹指导、协作联动，鼓励各类社会主体立足于本单位工作实际，调动各类社会主体参与"人文行走"工作的积极性，分工合作，协同推进。

实践证明，这样的协同合作和组织保证，很好地促进了"人文行走"活动在全市"横向到边、纵向到底"，包含了各个行业条块、街镇社区，各个学习点、学习线路，并合力打造，形成学习链，乃至统筹跨区的市级大型活动，为市民行走学习提供一份完整的"菜单"和系统的服务。

2020年"人文行走"活动

中央全面深化改革委员会提出"系统集成、协同高效"的要求，直接指导着整个教育系统形成一种有机、联动、高效的运行状态，也指导着教育系统和民政、文化、宣传、组织等各个部门之间的整合，这也是构建学习型城市和学习型社会的一个本质要求。

②加强内部合作，提升系统优势

教育系统与其他市级职能部门以项目为单位的合作，整合不同部门优势，强强联手、跨界运作的体制创新，在上海由来已久，颇有成效。

2003年，市教委与市老龄委联合组织召开第一次上海市老年教育工作会议。其重要的贡献就是建立起全市统一的老年教育管理体制——政府主管、分级管理、区县为主。建立由市教委牵头、多部门参加的市老年教育工作小组，统筹、规划、组织、协调、指导全市的老年教育工作，在区县、街镇建立相应的小组，各级小组办均设在同级的教育部门。既明确了市教委主管老年教育工作的五项职责，也明确了市老龄办、市财政局、市文化局、市精神文明办等部门的相关职能。从此，上海老年教育工作进入快速发展阶段。

2004年，为推进上海学习型社会的建设，由市委政策研究室、市政府研究室、市教委、市文明办、市教科院等单位成立上海学习型社会建设课题组，就上海构建终身教育体系、创建学习型社会建设的现状、问题、解决方法等开展专题调研。课题组历时一年半，于2005年10月形成《上海建设学习型社会指导意见研究总报告》。

2006年1月，《中共上海市委、上海市人民政府关于推进学习型社会建设的指导意见》发布。上海同时建立起跨部门统筹协调领导机构——上海市推进学习型社会建设指导委员会。

2010年，该领导机构改名为"上海市学习型社会建设与终身教育促进委员会"。市委分管副书记任委员会主任，市委常委、市委宣传部部长和市政府分管副市长任委员会副主任，市委、市政府下属相关委办局的20多位负责人为委员会委员。委员会下设办公室，设在上海市教委。市教委一名分管副主任兼任办公室主任。委员会通过建立定期例会制度和议定事项落实制度等，形成改革合力，对建立终身教育体系、搭建终身学习平台等工作进行宏观规划决策和统筹指导协调，发挥了全市各有关单位和部门的行政职能和工作优势。

2016年，由市教委等上海市七部门联合发布《关于进一步推进本市学习型社会建设的若干意见》，提出发挥政府的主导作用，将学习型社会建设纳入城市发展的整体规划。在组织体制上，再次明确由设在市教委的上海市学习型社会建设与终身教育促进委员会办公室统筹协调，加强学习型社会建设的规划制定、统筹决策、指导督察等工作。同时，要求市发改、财政、教育、经信、科技、农委、人社、文广、体育、民政、卫计等其他部门共同配合，还要发挥工会、共青团、妇联等群众团体和社会组织的作用，形成跨界协同、共同推进的学习型社会建设新机制。

2004年	2005年10月	2006年1月	2010年	2016年
成立上海学习型社会建设课题组	发布《上海建设学习型社会指导意见研究总报告》	发布《中共上海市委、上海市人民政府关于推进学习型社会建设的指导意见》	建立"上海市学习型社会建设与终身教育促进委员会"	发布《关于进一步推进本市学习型社会建设的若干意见》

体制创新时间轴

　　而这样的体制创新，在上海，已经进入制度化管理阶段。

　　上海自2008年起，着手探索制定终身教育地方法规，试图从法制的层面，为终身教育的发展提供强有力的动力。2011年1月，《上海市终身教育促进条例》正式颁布，并自2011年5月1日起施行。

　　该条例将上海已经形成的政策、经验制度化和固定化，确定了终身教育要坚持"政府主导、多方参与、资源共享、促进学习"的工作方针，明确了推进终身教育工作的责任主体和各部门的分工，明确了区县政府对推进终身教育体系建设的责任等，充分贯彻国家教育规划纲要关于"构建体系完备的终身教育"的要求，确保了上海继续教育工作、学习型社会建设工作纳入法制化轨道。

　　全国各地也开始重视推进"人文行走"这一文化建设和市民学习方式，并时有一些学校、团体等成功案例被宣传介绍，呈散点多发、渐成燎原之势时，上海则先行一步，率先在省市级层面建立起部门合作、资源整合的新机制，实现了"人文行走"资源全方位、全系统、全流程的整合。

　　上海"人文行走"的组织领导模式，再一次体现了"协调发展"的理念，印证了"团结起来办大事"的有效性和敢为人先的创新精神，再一次走在全国的前列。

2020年上海市民终身学习科技静安人文修身主题活动启动仪式

2.遵循教育规律, 突出专业服务亮色

①集中精力, 专注终身教育

上海从1999年起开展创建学习型社会工作, 至2020年, 率先实现教育现代化, 率先基本建成学习型社会。漫长的21年创建过程中, 凝聚了历届市委市政府班子领导接力传递、统筹协调和大力推进的心血。

这是一项贯穿时空、头绪繁多的大型文化建设工程, 持续时间长、涉及范围广、工作层级多、管理难度大, 既有硬件上的实物投入, 更有软件上的磨合调整。

在市委市政府的规划和安排下, 这项工作的"牵头"重任就由市教委承担下来了。为此, 由市级层面组成的领导小组"上海市学习型社会建设与终身教育促进委员会"就把它的办公室设在市教委, 由市教委副主任担任办公室主任。但这项办公室的具体工作需要有一个具体部门来承担。

于是, 在市委市政府的支持下, 2007年, 市编办正式批准, 在市教委内增设终身教育处, 具体承担上海市学习型社会建设与终身教育促进委员会办公室的日常工作。

当然, 终身教育处并不只是承担上海市学习型社会建设与终身教育促进委员会办公室(简称"市学促办")的工作, 根据《上海市终身教育促进条例》《上海市终身教育"十三五"发展规划》和《上海市老年教育发展"十三五"规划》等的安排, 它还同时承担着终身教育、老年教育、社区教育等多方面的市级牵头协调任务, 也是依照同样的思路开展实际层面的工作。

②内部整合，凝聚系统力量

2018年，市教委和市精神文明办联合发布《关于开展“申城行走人文修身——上海市民终身学习‘人文行走’”工作的通知》，对指导思想、活动主题、工作目标、工作机制、主要目标等都作出明确的规定，并明确了组织架构。

由市教委、市文明办共同牵头，联合成立上海市民终身学习人文行走工作办公室，负责统筹规划、组织实施、宣传发动、打造品牌等工作，办公室设在上海教育新闻网所在部门。具体工作委托上海教育报刊总社总体负责。

成立上海市民终身学习人文行走工作秘书处，负责组织协调、指导推进、区级联动、项目落实等工作。秘书处设在杨浦区学习办。

如果说，“跨界”合作是在全市层面上与其他部门的对外协调，那么，充分调动市教委系统内的各种资源，就是一种内部合作。

终身教育处兼市学促办的工作，在设计推进终身教育市民“人文行走”项目时，又成为市教委与市精神文明办合作的执行部门，负责指导市级层面的运作。而其在办公室与秘书处的设置上，就充分挖掘了系统内部的潜力。上海教育新闻网隶属于上海教育报刊总社，不仅具有新媒体网站资源和管理经验，还有新闻采访编辑力量。杨浦区学习办隶属于杨浦区委办，又是市学促办的区级下属。彼此的结合有效整合了新闻宣传、网络管理、市区两级管理等资源和人力，使得组织活动更加顺畅、专业。

此外，各区的学习办、社区学院、街镇学校、老年大学乃至社区众多的学习点，这些在终身教育处管辖下的各级各类学习组织与学习机构，都在“人文行走”工作的场所、内容、线路、人员等方面提供了有力的支撑。

"人文行走"也因市教委系统在组织机构和人力资源上"对外""对内"的"双循环"而如虎添翼，快速发展。

③深化研究，加强理论指导

"人文行走"固然有"游"，但更看重的是"学"，鼓励市民在行走中近距离感受上海的悠久历史和丰富的文化资源；在体验中学习，在学习中思考，在思考中感悟。因而，注重运用教育理念，遵循教育规律，做好"人文行走"的顶层设计，这些专业化的操作保证了活动的精准性和人文修身的质量。

"人文行走"工作始终以终身教育的组织立场、用教育系统的全部资源，履行教育理念和尊重教育规律。重视开展教育实践、完善教育流程，使得"人文行走"远离"上车睡觉、下车看庙""走马观花"式的"到此一游"，也远离独行侠般边走边看的个人观赏行为，而具有更为丰富的组织学习教育内涵；重视推进教育研究并为之创造条件，鼓励从业人员开展实践总结和理论探讨，以更好指导终身教育框架下市民行走学习方式的行稳致远。

因此，在积极推进"人文行走"的同时，市教委及终身教育处十分注意与相关研究部门加强联系，形成经验总结、理论研究和成果评审的场域，发表研究成果，用以更好地指导实践。

支持上海终身教育研究院连续出版《上海终身教育发展报告》

上海终身教育研究院创设于2012年，作为一项重要工作，其组织力量每年（隔年）编撰出版一本《上海终身教育发展报告》，发表跟踪研究上海终身教育理论探索、实践创新及政策进展的成果。

他们先后出版的《2013年上海终身教育发展报告》《2014年上海终身教育发展报告》《上海终身教育发展报告2015—2016》《上海终身教育发展报告2017—2018》《2019—2020上海终身教育发展报告》，成为考察这一时期上海终身教育发展和学习型城市建设的重要文献。

这套书系统地呈现了上海终身教育工作者丰富的实践、清晰的思路和创新的举措。从中可以读到上海终身教育的战略发展状态，也能读到老年教育、社区教育、可持续发展教育、学习型城区创建、长三角地区终身教育协同发展等领域的新进展，还能通过一系列的典型案例，感受上海终身教育的丰富多元、活力创新。

比如，在《上海终身教育发展报告2015—2016》中，研究人员对未来三十年上海终身教育的发展方向、战略目标和推进策略进行了探讨。而对日本、韩国及我国香港地区实践的研究和对国际学习型城市大会成果的分析，则为读者展示了终身教育发展的国际视角，从中读者可以获得理论和政策研究的新启示。《上海终身教育发展报告2017—2018》则从政策与进展、前沿与研究、实践与创新三个维度展现了这一时期上海终身教育发展和学习型城市建设的最新成果。

市教委终身教育处对这套书的编撰给予大力支持，并积极参与。其中，就收录了终身教育处撰写的《用"行走"感知上海的城市文化》和长宁区学促办的《"云视课堂"：搭建市民终身学习云空间》等与"人文行走"工作直接相关的论文。

支持上海市老年教育理论研究中心开展年度论文征集与评选

市教委终身教育处负责管理指导全市12个市级老年教育指导中心

的工作。其中，上海市老年教育理论研究中心负责全市老年教育理论研究工作的年度选题发布、理论基地考核、理论骨干培训、年度论文评选和理论工作年会等工作。每年的得奖论文中，反映终身教育领域内容的论文占了一定比例，如徐汇区教育局的《培育社区教育社会学习点的实践研究》等，有力推动了基层组织实践加科研的"双轮驱动""出人、出书、出成果"。

支持上海老年教育研究院编辑出版《老年教育》（绿皮书）和《老年教育研究》杂志

2015年，上海老年教育研究院成立。在理论研究方面，制定了两个出版计划。一个是每年编辑出版《老年教育》（绿皮书），作为文献汇编，并分《上海老年教育》和《中国老年教育》两种，隔年出版。一个是合作编辑出版《老年教育研究》（双月刊），刊登发表包括终身教育在内的老年教育实践探索与理论总结的成果，该刊成为目前全国唯一的老年教育专题性理论刊物。至2022年，已出版《上海老年教育》2本、《中国老年教育》2本、《老年教育研究》杂志12期，合计约200万字。

市教委终身教育处将上海老年教育研究院列入管理范围，给予财政和活动组织、资源共享等方面的积极支持。有多篇专题总结、实践案例和研究论文被收入这些出版物，有力激发了各区级老年大学、社区学院乃至街镇成人学校教学人员的科研积极性。

主管出版《上海社区教育》杂志（教育连续性内部资料）

《上海社区教育》杂志是由上海市教育委员会主管、上海市学习型社会建设服务指导中心和上海开放大学主办的专业性社区教育连续性内部资料。杂志为双月刊，每期发行6000册，寄送至上海各区、街镇和居村委学习点，以及全国多个省、自治区和直辖市，以与全国社区教育同行进行交流。

杂志立足于上海社区教育的理论探索和实践经验，推广上海学习型社会建设领域优秀工作经验，展示先进工作成果，为推进上海社区教育工作，形成与社会主义现代化国际大都市相匹配的学习型社会和终身教育氛围起到了推动作用。

每年评审公布上海市社区教育实验项目

市教委按照《教育部等九部门关于进一步推进社区教育发展的实施意见》（教职成〔2016〕4号）的要求，为完善社区教育基础能力建设、优化社区教育资源，根据本市终身教育工作的年度目标和发展要求，每年分别确定一批社区教育实验名单。参加的项目每年都在150个左右。

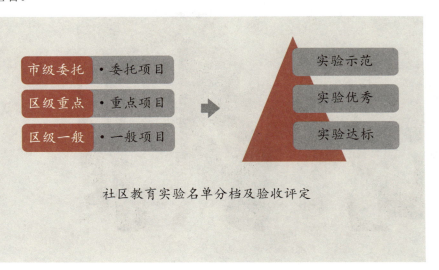

社区教育实验名单分档及验收评定

　　名单按市级委托、区级重点与区级一般的三档要求，分为委托项目、重点项目和一般项目三档，开展科学实验，一般周期为1—3年，到期进行验收、评审。市教委委托市教科院组织开展上海市社区教育实验项目的验收和评审工作，并经专家评审及结果公示。验收标准是按照完成的质量来认定的，从高到低分为实验示范、实验优秀和实验达标三档。因此，即使是一般项目，如果实验成果完成质量高，照样可被评为较高等级。如青浦区夏阳成人中等文化技术学校的"以诗歌书画为载体，'青、吴、嘉'三地携手打造学习共同体的实验"和虹口区北外滩社区学校的"按图索骥北外滩'小维也纳'建筑与犹太文化"两个实验项目，都因质量上乘而得到较高的评价。

　　这样的社区教育实验项目年度申报与评选制度，有力督促和推动了"人文行走"项目实践与科研同步、工作与思考并行，促使组织者研究问题、总结经验、把握规律，不断提升工作质量、校准服务精度。

"人文行走"活动现场

依托上海高校专业优势，理论研究后继有人

曾有记者提问：上海斩获联合国教科文组织学习型城市奖背后的“秘密”何在？上海终身教育研究院执行副院长、华东师大教授李家成回答说：上海并不是唯一获得该联合国教科文组织奖项的中国城市，之前，北京、杭州、成都等也在不同阶段获得了该奖项。这体现了我国学习型城市建设的连续性、探索性和创新性。而上海的典型性和特殊性体现在三个维度，其一是政府与市民的同向，其二是规划与实施的协调，其三是事业与专业的协同。比如，专门设立终身教育处、上海市学习型社会与终身教育促进委员会等。此外更有来自上海市教科院、上海开放大学、上海师范大学、华东师范大学等高校机构的专业研究力量合力共进。这样的评价可谓切中肯綮，道出了上海终身教育能够取得成功的重要原因。

上海高校众多，形成各个学科的科研高地。就以终身教育领域来说：华东师范大学的教育学部为实体单位，下辖教育学系和职业教育与成人教育研究所，设有职业技术教育学、成人教育学、特殊教育学等二级学科博士硕士点；上海师范大学教育学院开设教育系、高等职业研究所等教学科研机构，设有职业教育学、成人教育学和特殊教育学等学科硕士点。两校每年培养众多的专业人才，学生们在导师的带领下，通过参与调研、进入项目和论文写作等形式，直接投身上海终身教育的发展。如：华东师大在读硕士研究生撰写了《社区老年教育推进老年人继续社会化的策略研究》等论文在《老年教育研究》上发表；2021年，上海师大教育学院成人教育与特殊教育专业的一名研究生，还以《社区教育“人文行走”实施的现状与策略研究》为题，完成了她的硕士学位论文。

上述论述表明，市教委及终身教育处在对待"人文行走"工作上，是全力推进、不遗余力的。尤其在教育系统内部资源的调动和按教育规律的专业规划方面，倾注了极大的努力，它是用了"冰山"下众多的教育资源的支持，才托起了"人文行走"工作在"海面上"的如花似锦。

这样的深入思考和专业努力，保证了上海"人文行走"活动的思想高度、组织广度、操作精度和社会热度，体现了上海终身教育在现代化城市文化战略大潮中始终持有昂扬振奋的精神状态、严肃审慎的科学理念和行之有效的管理能力，形成"资源上管得宽、操作上管得细、服务上管得深"的上海模式，为全国各地深入开展"人文行走"组织建设、弘扬社会主义核心价值观、推动学习型社会建设和市民行走学习之风，提供了新鲜的上海经验和上海方案。

正是上述两点创新之处，使得上海"人文行走"活动超越了一种个体或团体自发零星的"行走研学"模式，进入了"时时、处处、人人皆可学，事先、事中、事后皆互动，线上线下皆打通"的城市公共文化产品服务体系新状态。它满怀热情、细心服务，帮助人们从个体式的行与读进入在群体互动中阅读城市、体验生活、修身养性的集体体验新阶段，并让人们从中记住历史、守住乡愁，坚定文化自信、增添家国情怀。

"人文行走"因此而体现出时代的高度、城市的温度和教育的精度。这正如时任上海市教委副主任倪闽景在2022年上海终身教育人文修身主题活动暨五大新城"人文行走"线路发布会上所说："'人文行走'、'人文修身'是我们上海终身教育的一个创新，它充分体现了总书记要求我们践行人民城市理念的要求。"

结 语

CONCLUSION

未来可期："人文行走"的发展展望

- "人文行走"的社会共识
- "人文行走"的发展愿景

中城行走　人文修身
ZHONGCHENGXINGZOU RENWENXIUSHEN

"建筑是可以阅读的，街区是适合漫步的，公园是最宜休憩的，市民是尊法诚信文明的，城市始终是有温度的。"这是上海描绘的未来城市愿景。除了经济繁荣、科技创新，上海这座国际大都市，也需要展现人文情怀、服务能力，从而增强文化软实力和国际影响力。

一、"人文行走"的社会共识

"人文行走"凭借深厚的群众基础和优质口碑，在上海学习型城市建设中已经形成不可替代的文化特色。它一边探索，一边努力不断提升内容含金量、提高学习便捷性，科学创新参与机制，激发了市民的学习热情，提高了大众的人文素养，更是通过各种创新促使社会多维度融合发展，提升社会凝聚力、强化构建和谐社会的力度，打造出一块属于上海市民"人文行走"教育活动的金字招牌。

在以卓越的全球城市为发展目标的上海需要思考如何进一步提升学习型城市建设力度时，"人文行走"以多年的探索成果提供了有益

2022年"人文行走"摄影
作品征集活动优秀作品

的借鉴，为全国乃至其他城市的学习型城市建设和终身教育资源的开拓提供了宝贵的上海经验。

事实上，上海"人文行走"的创新做法和丰富经验，也已通过市民的良好口碑和媒体的广泛宣传，产生了一定的社会影响，开始形成正面溢出效应，可望在全国逐渐形成共识。

2022年1月12日，《中国教育报》发表了通讯《触摸乡土肌理　体味文化底蕴——奉化锦屏成校在"人文行走"中践行终身学习》，讲述了自2019年以来，浙江宁波奉化锦屏成人学校开设"人文行走"课程、深受老年学员欢迎的故事。

从其介绍的规划设计、课程理念、操作手法、发展蓝图里，都能看到与上海"人文行走"工作的许多相似之处。这表明，"人文行走"的上海经验正在各地同行的实践中，逐渐形成一种共识。我们应该热情地欢迎这种共识，互相学习、互相切磋，在长三角一体化发展战略的指引下，协同发展，并将这种努力化为更多的共享，让"人文行走"、文明修身之风传遍祖国大地。

> **案例**
>
> ### 奉化锦屏成校开设"人文行走"课程
>
> 从2019年起，浙江省宁波市奉化区锦屏成人学校创新推出面向低龄老人的"人文行走"课程，将奉化的地域文化梳理成"弥勒文化""红色精神""奉茶迎客"等八大主题，开发"人文行走"线路20余条，以主题化、具身式课程的形式，带动超过800位老年人在行走中增长学识修养、增强文化自信。
>
> 基于奉化得天独厚的自然和文化区位优势，锦屏成校推出8个

地域特色鲜明的主题课程，每个主题下规划三四条"人文行走"线路，串联起多个"人文学习点"，打破传统课堂教育与学科间的壁垒。如"菩提微笑"主题设计"长汀溯源、馆藏艺术、追寻佛迹、应梦雪窦"等"人文行走"线路，学员们在雪窦山上身临其境、自主学习、深入感受，更丰富地领悟"和谐和乐"的弥勒文化精神。

"人文行走"课程开发团队组长练旭华说："值得一提的是，'人文行走'并不是单纯的观光旅游。"课程引入了具身认知理论，强调认知、身体和环境的动态交互，通过多感官参与、多方位体验、多角度反思、多层次实践，在"听、说、读、写、看"的五大学习任务中，引导学员寻找、发现、参观、记录、体验、分享，并在学习过程去"感受""感知""感发"人文景观和人文知识。

开发"人文行走"课程，少有可以参考的先例，这对锦屏成校来说是一个不小的挑战。为此，学校成立了由政府、高校、开放大学、教研室等共同组成的专家指导团队，广泛吸收来自各方的专业力量，共同聚力，携手运营。

对外引入专家团队，对内则不断自我造血。锦屏成校组建了以练旭华为组长、本校教师为组员的课题组，一方面加强自我学习、自我充电，另一方面也通过调查、线路设计、课程开发和实施等环节，开发了多样化、成体系的"人文行走"课程，包括课程纲要、配套教材等。

行走之后，留下了什么？毫无疑问，参与其中的老年朋友受益匪浅。老有所学自是老年教育的根本，通过"人文行走"，老年人不仅增长了知识、开阔了视野，更意外实现了"数字扫盲"。用智能手机接龙报名，行走中用手机镜头拍下美丽画面，这些曾经难倒老年人的操作，如今已经变得轻而易举。而为了抒发心中所感，老人们更是或写诗，或作文，或书画，或朗诵，才艺满满。

随着"人文行走"课程的影响力越来越大，锦屏成校也有着进一步的畅想和计划：将组织力量挖掘更多的"人文行走"线路，并从老年人推广到学生、青年直至全体市民中去，组织的主体也可以从成校扩大至社区、政府，从而营造全民"人文行走"的良好氛围，在细细触摸乡土肌理的过程中，零距离贴近这座城市。

——节选自《触摸乡土肌理 体味文化底蕴——奉化锦屏成校在"人文行走"中践行终身学习》，《中国教育报》2022年1月12日

二、"人文行走"的发展愿景

2022年11月，文化和旅游部公布了2022年度文化和旅游最佳创新成果名单，全国共有三项创新成果入选，"建筑可阅读——上海文旅融合创新实践"荣膺其列。

在人们对城市未来的美好生活充满向往的今天，学习型城市建设已经被看作通向未来发展的一条重要道路，是城市建设的重要一环。上海学习型城市建设历经二十多年的发展，在国际理念影响与国家政策指引方面形成了双重外部驱动，从而迈入了全球瞩目的学习型城市建设者行列。

上海建设学习型城市的历史发展形成的路径，举足轻重，将影响并决定上海与世界上其他学习型城市不同的操作方式和实现路径，也为上海作为卓越全球城市崛起提供支撑。

行走让生活更多彩，学习让人生更幸福。"人文行走"，这道全

2022年浦东新区"人文行走"活动

市市民积极参与的申城独特的行走学习风景线，已成为上海终身学习"立交桥"中的重要一维。

彰显上海的城市精神品格，打造城市终身学习名片，用切实行动贯彻落实社会主义核心价值观，诠释"人民城市人民建，人民城市为人民"的重要理念。这是"人文行走"的重要使命。

心中有光，素履以往；踏梦前行，聚力生长。如今，"人文行走"工作再度踏上了新征程。可喜的是，上海已建有数以万计的宅基课堂、田间教室、金睦邻、楼宇小组等，同时正在努力打造市民"15分钟学习圈"，在建设全球学习型城市领域取得了丰硕的成果和丰富的经验。

相关资料

📎 16区主题配色

区	C 值	M 值	Y 值	K 值	
静安区	13	38	92	0	
徐汇区	42	88	87	7	
虹口区	36	63	84	0	
普陀区	0	76	91	0	
松江区	94	74	0	0	
金山区	14	77	22	0	
闵行区	0	82	93	0	
奉贤区	14	15	89	0	
青浦区	88	57	56	9	
嘉定区	59	77	0	0	
长宁区	80	43	0	0	
宝山区	5	46	0	0	
崇明区	71	24	100	0	
杨浦区	73	71	0	0	
浦东新区	71	18	0	0	
黄浦区	0	96	98	0	

📎 **上海市民终身学习人文行走主题线路汇总** （2018—2022）

参观完成后，请在相应点位后的方框里打勾标记。

🎯 中国共产党第一次全国代表大会会址 ☑

并将线路轨迹相应脚印标记涂上颜色。完成线路行走后，请在线路下方留下你的行走感悟吧！

我已行走 👣👣👣👣👣 个点位。

让我们通过行走，观城市建筑；通过阅读，品城市文化；通过学习，树文明风尚；通过修身，立正己之德。

🎯 **黄浦区**

🎯 **海派黄浦 红色魅力**

🎯 中国共产党第一次全国代表大会会址 ☐ 🎯 韬奋纪念馆 ☐

🎯 上海孙中山故居纪念馆 ☐ 🎯 上海周公馆 ☐

🎯 复兴公园 ☐ 🎯 黄浦剧场 ☐ ➡

我已行走 👣👣👣👣👣 个点位。

◎ 海派黄浦 红色荣耀

◉ 五卅运动纪念碑 □　◉ 老闸捕房 □　◉ 永安公司(绮云阁) □

◉ 外滩历史纪念馆 □　◉ 报童小学 □

我已行走 👣👣👣👣👣 个点位。

◎ 红色崛起 复兴之路

◉ 半淞园路 □　◉ 制造局路 □　◉ 洋务运动纪念碑 □

◉ 中华民族复兴主题公园 □　◉ 远望号测量船 □

我已行走 👣👣👣👣👣 个点位。

海派黄浦 红色传承

豫园社区文化活动中心 □   城隍庙 □

湖心亭 □   南翔馒头店 □   童涵春堂中药博物馆 □

我已行走 🦶🦶🦶🦶🦶 个点位。

徐汇区

寻访先驱初心 品味英雄情怀

杜重远寓所 □   宋庆龄故居 □   黄兴旧居 □

中国福利基金托儿所旧址 □   巴金旧居 □

张乐平故居 □   衡复风貌展示馆 □

我已行走 🦶🦶🦶🦶🦶🦶🦶 个点位。

◉ 海派寻源 东西融汇

📍 徐汇公学旧址 □ 📍 徐家汇藏书楼 □ 📍 上海气象博物馆 □

📍 土山湾博物馆 □ 📍 光启公园 □

📍 徐光启纪念馆 □ →

我已行走 👣👣👣👣👣👣 个点位。

_____

_____

_____ 🖊

◉ 滨江人文 艺术行走

📍 南浦火车站旧址 □ 📍 塔吊广场 □ 📍 中国海事塔 与龙华港桥 □

📍 西岸美术馆 □ 📍 余德耀美术馆 □ 📍 龙美术馆 □

我已行走 👣👣👣👣👣👣 个点位。

_____

_____

_____ 🖊

行走江南文化路线 见证乡土生活巨变

黄道婆纪念馆 □　　宁国禅寺□　　邹容纪念馆 □

玩美布艺工作室（华泾镇社区学校）□

我已行走 ◦◦◦◦ 个点位。

长宁区

走进愚园路老洋房的红色印记

《布尔什维克》编辑部旧址 □　　钱学森旧居□

愚园路历史名人墙 □　　中共中央上海机关局旧址□

愚园路历史风貌区阅读点□

我已行走 ◦◦◦◦◦ 个点位。

行走人文新华 感受海派文化

新华路国宾道□ 外国弄堂□ 番禺路浮雕群□

孙科别墅□ 邬达克纪念馆□ 幸福里□

上生新所□

我已行走 🐾🐾🐾🐾🐾🐾🐾 个点位。

静雅武夷 海派文化

孝义新村□ 武夷路"老洋房"□ 丝享荟□

上海开元学校□ 汤山村□

我已行走 🐾🐾🐾🐾🐾 个点位。

记·忆虹桥 红色文化之旅

上海儿童博物馆 □   上海宋庆龄陵园 □   古北市民中心 □

新虹桥中心花园 □   程十发美术馆 □

上海国际舞蹈中心 □

我已行走 👣👣👣👣👣👣 个点位。

_____

_____

_____

静安区

修志问道 传承启博

蔡元培故居 □   刘长胜故居 □   毛泽东旧居 □

四行仓库抗战纪念馆 □   中共二大会址 □

我已行走 👣👣👣👣👣 个点位。

_____

_____

_____

◉ 回溯时光 感受变迁 触摸未来

◉ 上海眼镜博物馆 □　　◉ 上海铁路博物馆 □　　◉ 上海市禁毒
科普教育馆 □

◉ 上海自然博物馆（上海科技馆分馆）□

◉ 中国福利会少年宫 □ →

我已行走 👣👣👣👣👣 个点位。

_____

_____

_____ 🖊

◉ 宜居宜行 美丽空间

◉ 大宁德必易园 □　　◉ 绿萝环保空间 □　　◉ 阿拉花园 □

◉ 临汾路380弄居民区 □　　◉ 临汾路公益亭 □

我已行走 👣👣👣👣👣 个点位。

_____

_____

_____ 🖊

⊙ 品质文化 活力时空

📍 静安区文化馆☐　　　　　📍 上海展览中心☐

　　📍 元利当铺旧址博物馆☐　　📍 美琪大戏院☐

　　📍 静安区少年儿童图书馆☐　　　→

我已行走 👣👣👣👣👣 个点位。

🔴⊙ 普陀区

⊙ 百年苏州河 魅力十八湾

📍 苏宁艺术馆☐　📍 苏州河工业文明展示馆☐　📍 成龙电影艺术馆☐

　📍 顾正红纪念馆☐　　📍 上海纺织博物馆☐　　📍 M50创意园☐

　📍 苏州河梦清园环保主题公园☐　　📍 元代水闸遗址博物馆☐　→

我已行走 👣👣👣👣👣👣👣👣 个点位。

回顾历史　漫游未来

淞沪抗战十九路军军部遗址□　同心家园长征·新城片区□

汤兆基艺术馆□　"祥和之光"塔□

红星美凯龙2050/2500未来生活体验馆□

天地软件园党建服务站□　上海总工会第四办事处遗址□

我已行走 🐾🐾🐾🐾🐾🐾🐾 个点位。

真如文化　满目琳琅

真如寺□　真如历史文化陈列室□　真如毡绣坊□

淞沪抗战十九路军军部遗址□　朱氏绳艺工作室□

我已行走 🐾🐾🐾🐾🐾 个点位。

◉ 苏河水岸 文化之旅

📍 长风商标海报收藏馆 □   📍 苏宁艺术馆 □

📍 上海试剂厂旧址 □   📍 苏州河工业文明展示馆 □

📍 上海少儿图书馆新馆 □   📍 长风公园 □

我已行走 👣👣👣👣👣👣 个点位。

◉ 杨浦区

◉ 重走百年民族制造之路

📍 国歌展示馆 □   📍 东方渔人码头 □   📍 上海杨树浦水厂 □

📍 上海国际时尚中心 □   📍 杨树浦发电厂 □

📍 定海桥 □   📍 秦皇岛码头 □   📍 上海第一毛条厂 □

我已行走 👣👣👣👣👣👣👣👣 个点位。

百年大学 厚德博学

复旦大学：1.光华楼 2.任重书院 3.曦园 4.望道像 5.燕园 6.老校门 7.校史馆 8.相辉堂 9.子彬院 □

同济大学：1.三好坞 2.大礼堂 3.文远楼 4.综合楼 □

上海财经大学：1.原"国立上海商学院"老校门 2.马寅初先生塑像与刻字石 3.毓秀楼 4.春晖湖 5.志在云天 6.郭秉文像 7.百年校史馆、商学博物馆 □

上海理工大学：1.馥赉堂 2.思裴堂、思伊堂、怀德堂 3.大礼堂与思魏堂 4.思晏堂 5.思雷堂、思孟堂 6.科学馆暨格致堂 7.思福堂 8.麦氏医院 9.图书馆 □

我已行走 □□□□ 个点位。

百年市政 旧貌新颜

江湾体育中心（旧上海市体育场）□

杨浦区图书馆新馆（旧上海市图书馆）□

上海体院绿瓦大楼（旧上海特别市政府）□

长海医院影像楼（旧上海市立博物馆）□

长海医院飞机楼（旧中国航空协会飞机楼）□

上海音乐学院 贺绿汀中国音乐高等研究院（旧国立音乐专科学校）□

上海市第一康复医院（旧圣心医院）□

我已行走 □□□□□□□ 个点位。

百年红色工运

◉ 王孝和烈士事迹陈列室 □　　◉ 沪东工人运动展示馆 □

◉ 秦皇岛码头　□　◉ 英商怡和纱厂 □

我已行走 👣👣👣👣 个点位。

浦东新区

文化高桥　老宅寻源

◉ 高桥历史文化陈列馆 □　◉ 江东书院 □　◉ 三峡石图艺术馆 □

◉ 钱慧安纪念馆 □　◉ 高桥人家陈列馆 □　◉ 高桥绒绣馆 □

我已行走 👣👣👣👣👣👣 个点位。

漫步滨江大道 走进城市驿站

◉滨江大道□　◉吴昌硕纪念馆□　◉陆家嘴中心绿地□

◉望江驿□

我已行走🐾🐾🐾🐾🐾个点位。

盐都古镇 水乡风情

◉新场石驳岸及马鞍水桥□　◉第一楼茶园□　◉奚家厅□

◉张厅□　◉张沛君、郑少云宅□　◉信隆典当行□

◉中华楼□　◉南山寺□

我已行走🐾🐾🐾🐾🐾🐾🐾🐾个点位。

⊙ 洋泾苍桑 泾水流长

◉ 李氏民宅 □   ◉ 上海绒绣洋泾保护传承基地（传习所）□

◉ 傅家天主教堂 □   ◉ 洋泾港（洋泾浜）□   ◉ 千年银杏 □

◉ 浦东清真寺 □   ◉ 洋泾滨江绿地（民生路码头）□

我已行走 👣👣👣👣👣👣👣 个点位。

⊙ 古城新镇 求是启真

◉ 川沙古城墙公园 □   ◉ 内史第 □   ◉ 川沙营造馆 □

◉ 鹤鸣楼 □   ◉ 川沙廊道与护城河 □

◉ 川沙新镇青少年科创实践基地 □

我已行走 👣👣👣👣👣👣 个点位。

探秘星空之境

🔵 纸飞机 ☐　　🔵 星光宝盒 ☐　　🔵 星毯 ☐　　🔵 极限星云 ☐

🔵 失重星球 ☐

我已行走 👣👣👣👣👣 个点位。

🔘 虹口区

追寻红色印记　构筑中国精神

🔴 鲁迅纪念馆 ☐　　🔴 李白烈士故居 ☐　　🔴 鲁迅故居 ☐

🔴 中国左翼作家联盟会址纪念馆 ☐　　🔴 瞿秋白故居 ☐

🔴 沈尹默故居 ☐　　🔴 中共四大纪念馆 ☐

我已行走 👣👣👣👣👣👣👣 个点位。

⊙ 魅力滨江 文化乐途

📍外白渡桥□　　📍中国证券博物馆□　　📍上港邮轮城□

📍建投书局□　　📍耶松船厂旧址□

我已行走 🐾🐾🐾🐾🐾 个点位。

⊙ 科技同行 精彩生活

📍上海公安局刑事侦查总队□　📍中科润达□　📍岳阳医院□

📍中国科学院上海技术物理研究所□

我已行走 🐾🐾🐾🐾 个点位。

◎ 方舟之路

◉ 上海犹太难民纪念馆 □   ◉ 白马咖啡馆 □

◉ 布卢门撒尔旧居 □

我已行走 🦶🦶🦶 个点位。

◎ 闵行区

◎ 传承民族文化 品味非遗魅力

◉ 马桥手狮舞艺堂和马桥文化长廊 □   ◉ 颛桥剪纸文化公园 □

◉ 中国民族乐器博物馆 □   ◉ 闵行非遗展示厅 □

◉ 七宝皮影戏艺术馆 □   ◉ 华漕手工技艺体验基地 □

我已行走 🦶🦶🦶🦶🦶🦶 个点位。

浦江两岸景 美丽乡村行

◉ 革新村 □ ◉ 丰收村 □ ◉ 永联美丽乡村 □

◉ 荷巷桥老街 □ ◉ 吴泾镇和平村 □

◉ 闵行区华漕镇赵家村 □

我已行走 🐾🐾🐾🐾🐾🐾 个点位。

历史长廊 魅力闪烁

◉ 浦江红色电影厂 □ ◉ 梅陇镇许泾村 □ ◉ 颛桥历史文化长廊 □

◉ 莘庄镇门票文化展览馆 □ ◉ 马桥文化展示馆 □

◉ 七宝镇社区党群服务中心 □ ◉ 古美成长史展厅 □

我已行走 🐾🐾🐾🐾🐾🐾🐾 个点位。

航天闵行　筑梦飞翔

乐康苑小小航天展示馆 □　　上海航宇科普中心 □

闵行社区学院 □　　上海航育种子有限公司 □

我已行走　　　　　个点位。

宝山区

穿梭创客空间　解码科创基因

中国3D打印文化博物馆 □　　AR/VR体验馆 □

国际会展中心　□　　麻省理工微观装配实验室 □

极客龙人工智能培训馆 □　　穿越集装箱办公区 □

依弘剧场 □　　3D打印混凝土桥 □

我已行走　　　　　　　　个点位。

⊙ 血沃淞沪 红色永志

● 淞沪铁路☐　● 吴淞炮台遗址☐　● 上海长江河口科技馆☐

● 陈化成纪念馆☐　　● 上海淞沪抗战纪念馆☐

我已行走 🦶🦶🦶🦶🦶 个点位。

_____

_____

⊙ 美丽乡村 邂逅泾彩

● 蟹逅海星☐　● 寻米花红☐　● 乡遇塘湾☐

我已行走 🦶🦶🦶 个点位。

_____

_____

重走行知路　传承行知魂

上海市陶行知纪念馆 □　　　　大华行知公园 □

行知育才旧院 □

我已行走 个点位。

红色罗店　古迹寻踪

罗店红十字纪念碑 □　罗店公大酱园 □　陈伯吹公墓 □

钱信忠故居 □

我已行走 个点位。

金山区

览廊下民居 感家风传承

⊙ 二十四节气路 □   ⊙ 沪浙山塘古镇 □   ⊙ 琼璞文化苑 □

⊙ 江南莲湘 □

我已行走 👣👣👣👣 个点位。

_____

_____

地灵金山 寻迹人杰

⊙ 程十发祖居 □   ⊙ 丁聪漫画陈列馆 □   ⊙ 朱学范故居 □

⊙ 中国农民画村 □   ⊙ 皮影艺术馆 □

我已行走 👣👣👣👣👣 个点位。

_____

_____

江南水韵 丰富多姿

综合为老服务中心 □　　藕遇公园 □　　尚品书院 □

党群服务站 □　　水库村村史馆 □　　乡伴·酷岛理想村造梦营 □

健康智慧小屋 □　　湿地公园 □

我已行走 🦶🦶🦶🦶🦶🦶🦶🦶 个点位。

追寻红色记忆 牢记初心使命

上海见义勇为纪念广场 □　　高新区市民文化礼堂 □

金山冻龄梦工厂 □

我已行走 🦶🦶🦶 个点位。

松江区

上海之根 人文行走 寻根历史

云间第一桥 □   大仓桥 □   杜氏雕花楼 □

云间第一楼 □   醉白池 □   程十发艺术馆 □

松江博物馆 □   方塔园 □

我已行走 🐾🐾🐾🐾🐾🐾🐾 个点位。

文化松江城 漫游象牙塔

上海对外经贸大学
中华射艺场 □

上海视觉艺术学院
"大眼睛"剧场 □

华东政法大学校史馆 □

上海立信会计金融学院
中国会计博物馆 □

上海工程技术大学多维立体交通科普展示馆 □

我已行走 🐾🐾🐾🐾🐾 个点位。

阅读建筑 意蕴深厚

方塔园□ 照壁□ 兴圣教寺塔□ 天妃宫□

陈化成祠□ 兰瑞堂□

我已行走 个点位。

科创松江 人文行走

元彩科技□ 巴特勒（上海）□ 曼恒数字□

海尔数字科技□ 中科教育装备□ 柯马（上海）□

欣诺通讯□ 航天精密机械研究所□

我已行走 个点位。

⊙ 嘉定区

⊙ 乐游老街 拾味南翔

📍 南翔历史文化陈列馆 □　　📍 檀园 □　　📍 南翔双塔 □

📍 古猗园 □　　📍 南翔小笼馒头文化体验馆 □　　📍 南翔老街 □

我已行走 👣👣👣👣👣👣 个点位。

_____

_____

_____ 🖊

⊙ 环城水岸 追昔抚今

📍 嘉定盘陀子公园 □　　📍 南水关 □　　📍 孔庙 □　　📍 法华塔 □

📍 小河口银杏园 □　　📍 西城墙 □

我已行走 👣👣👣👣👣👣 个点位。

_____

_____

_____ 🖊

◉ 环远香湖会客厅

◉ 保利大剧院 □   ◉ 嘉定图书馆 □   ◉ 西云楼步行街 □

◉ 洪德路"我嘉书房"□

我已行走 👣👣👣👣 个点位。

_____

_____

_____

◉ 奉贤区

◉ 江南贤韵 美谷印象

◉ 上海市奉贤区博物馆 □   ◉ 九棵树(上海)未来艺术中心 □

◉ 奉贤区"法治汇"宪法主题教育基地 □   ◉ 贤园 □

◉ 古华公园 □   ◉ 贤苑 □   ◉ 杨王家风家训馆 □

我已行走 👣👣👣👣👣👣👣 个点位。

_____

_____

_____

追寻史迹 放飞梦想

爱国主义红色教育纪念馆·忆红居□   沈家花园□

奉贤规划资源展示馆□   奉贤区档案馆□

我已行走 个点位。

贤城新韵 鱼你有约

年丰公园□   泡泡公园□   江南书局新阅读空间□

奉贤规划资源展示馆□   奉贤区博物馆□

我已行走 个点位。

青浦区

文化青浦 博物明志

上海福寿园新四军广场 □   上海市青浦区博物馆 □

上海中华印刷博物馆 □

我已行走 ____ 个点位。

上善人文行 品味水乡韵

全华水彩艺术馆 □   课植园 □   大清邮局 □

朱家角人文艺术馆 □

我已行走 ____ 个点位。

醉野江南·徜徉绿色青西

寻梦源 □   上海市青少年校外活动营地（东方绿舟）□

青浦区金泽镇莲湖村 □   青西郊野公园 □

我已行走 👣👣👣👣 个点位。

───────────────────────

崇明区

古往今来 生态宝岛

瀛洲公园 □   崇明博物馆 □   寿安寺 □   金鳌山公园 □

崇明区图书馆 □   崇明生态科技馆 □

崇明美术馆 □   崇明新城公园 □

我已行走 👣👣👣👣👣👣👣👣 个点位。

美丽乡村　筑梦前行

崇明玉海棠苦草研究所 □　　海棠盆景园 □

崇明苦草饭庄 □　　玉海棠主题民宿 □

乡村振兴展示馆 □

我已行走 👣👣👣👣👣 个点位。

垦荒拓疆　知青记忆

新海镇展示馆 □　　知青公园 □

新海镇新时代文明实践分中心 □

上海知青纪念馆 □

我已行走 👣👣👣👣👣 个点位。

图书在版编目(CIP)数据

文以载道　行以致远:上海市民终身学习人文行走
五年路/本书编写组编.—上海:上海人民出版社,
2023
ISBN 978 - 7 - 208 - 18391 - 9

Ⅰ.①文…　Ⅱ.①本…　Ⅲ.①终身教育-概况-上海
Ⅳ.①G729.2

中国国家版本馆 CIP 数据核字(2023)第 127705 号

责任编辑　张晓玲　张晓婷
特约编辑　陈向阳　刘中兴　陈　琳
封面设计　小　六

文以载道　行以致远
——上海市民终身学习人文行走五年路
本书编写组　编

出　　版　上海人民出版社
　　　　　(201101　上海市闵行区号景路 159 弄 C 座)
发　　行　上海人民出版社发行中心
印　　刷　上海华教印务有限公司
开　　本　720×1000　1/16
印　　张　18.75
字　　数　215,000
版　　次　2023 年 8 月第 1 版
印　　次　2023 年 8 月第 1 次印刷
ISBN 978 - 7 - 208 - 18391 - 9/G · 2155
定　　价　128.00 元